Eurus

Notus

ジェンダー史10講

姫岡とし子

Toshiko Himeoka

Boreas

Zephyrus

岩波新書

2009

はじめに

今では、女性史・ジェンダー史は歴史学のなかで確固とした居場所や市民権を獲得している。女性史・ジェンダー史のタイトルを冠する出版物も多い。しかし、このような状況は決して成りゆきで生じたものではなく、女性史・ジェンダー史の担い手たちの既存の歴史学に対するたゆみない闘いと挑戦の結果、生みだされたものである。世界各地でのジェンダー状況の改善を求める闘いが、その挑戦の背中を押した。

もっとも激しい闘いは、性支配の廃棄を求めて第二波フェミニズムが興隆していた最中の一九八〇年前後に起こった。女たちの過去を知りたい、と考えるアメリカやヨーロッパの女性たちは、女性を排除していた既存の歴史学とその方法論に異議申し立てをして、自分たちで「女の歴史」を執筆しはじめた。それゆえ、この女性史は女性解放という目的と密接に結びついて登場したし、その経緯からして政治性を帯びている。またアカデミズムのなかでは居場所のなかった第二波フェミニズム登場以前の女性史も、女性解放を強く意識し、その方向性を探るために書かれてきた。女性/男性の対立だけではなく、階層、民族、性的指向などさまざまな差異を包含する現在のジェンダー史も、問題解決の出口を求めて研究を先鋭化させていることに変わりはない。私個人も、第二波フェミニズムに影響され、自分の生き方を模索するために女性史研究をはじめ、研究者となってからも女性・ジェンダーの置かれた状況をつねに見定めながら研究に取り組んできた。

こんなことを言うと、女性史・ジェンダー史研究ははたして客観的なのか、という批判が返ってくるかもしれない。もちろん女性史・ジェンダー史が、自分の立場に好都合な結論を導きだすことがなかったとはいえない。しかし、女性史・ジェンダー史が「結論ありき」的な研究態度を慎んで客観性を心がけ、見解の異なる人たちと開かれた形で議論し、普遍性をもつ結論に到達するように努めてきたのは確かである。他方で、絶対的な客観性など存在しえないし、先入観に左右されない白紙の状態での研究など不可能である。どのような問題意識で、どのような視点から考察対象と向き合うのか、という研究者の立脚点によって、歴史研究にとって非常に重要な問いの発し方が異なってくる。また立脚点の違いによって、同じ史料を扱っても解釈に相違が出てくるし、考察結果も異なってくる。そもそも女性史は、価値自由とはいえない女性の視点を打ち出したからこそ、「中立」だとされていた従来の歴史学が男性に照準を合わせたものであることを明らかにできたのである。

研究が直接に現状変革につながるわけではないが、女性史・ジェンダー史の現状変革への要求は研究を確実に深化させ、方法論を鍛えてきた。女性解放やフェミニズムは一括りにして捉えられるものではなく、その方向性をめぐって、さまざまな議論や対立を繰り返してきたし、西洋世界の価値観で非西洋世界の問題に対処しているなどの批判も浴びてきた。女性史研究の成果が「一般史」に反映されないという壁にもぶつかった。女性史・ジェンダー史は、こうした議論や対立、批判、葛藤を積極的に自らの内部に取り入れて、時代に適合的な歴史研究へと軌道修正していったのである。

女性史・ジェンダー史に限らず、歴史研究は全体として社会変化に敏感であり、社会の要請に応える形で、あらたな研究テーマを取りあげ、あらたな視角から研究を推進し、方法論を刷新し続けている。女性史・ジェンダー史は、その歴史学全体の動向と連動しながら自らの研究方法を変化させていった。

本書は、こうした歴史学全体の歩み、史学史を背景にしながら、女性史・ジェンダー史の軌跡とその成果を読者に紹介することを目的にしている。具体的には、一、女性史・ジェンダー史の誕生の経緯とその展開を歴史学全体の変遷と絡めながら描き、二、女性史・ジェンダー史研究が、いかに歴史学の考察範囲を拡大し、歴史の見方を変え、歴史学に刷新をもたらしてきたかを、これまでの研究成果を述べながら示したい。

本書の構成について、述べておこう。第1講から第4講までは、女性史・ジェンダー史の史学史を扱っている。第1講では、先駆的な女性史研究からはじめて、日本でのアカデミズム女性史研究登場以前の女性史研究とその広がりについて背景となった歴史方法論と絡めて考察した。第2講では、「第二波フェミニズムの影響ではじまった欧米の「新しい女性史」を取りあげ、その目的、それが切り拓いた地平、その日本での受容について記した。第3講では、女性史の歴史学界での孤立を回避するための「ジェンダー史」の導入と、叙述から分析への考察方法の変化、ジェンダー史と構築主義の相互作用および構築主義歴史学における主体の問題について言及した。女性史・ジェンダー史が歴史叙述に及ぼした影響の考察を目的とした第4講では、高等学校歴史教科書と『岩波講座』の世界史・日本史を分析し、歴史の見方の変化が何をもたらすのかについても言及した。

第5講以降は、これまでの女性史・ジェンダー史の成果を個別テーマに則して紹介している。そのさいにも史学史を重視し、女性・ジェンダーをめぐって歴史学以外の場で展開された議論や研究動向の変化にも触れながら、女性史・ジェンダー史研究の関心やテーマ、考察視角が時代とともに、どのように変遷してきたのか、理解できるような叙述を試みたつもりである。

第5講は、家族の歴史的変化について、階層や地域による違いを考慮しながら考察した。第6講は、「自然の性差」論が歴史的に形成され、男性性／女性性の差異が強調されるとともに、それが近代社会の編成基盤となったことを、性別原理にもとづく制度化、ナショナリズムと国民国家形成、軍隊などの例を通じて検討した。比較のために、前近代の例も記している。第7講は身体で、身体把握の歴史性、性と生殖、同性愛について取りあげている。第8講の福祉は、啓蒙期から慈善活動に参加していた女性が、福祉活動を通じて社会参加していく様相や、戦争が女性の福祉活動に及ぼした影響について論じた。労働を扱った第9講では、中世から近代にいたる女性労働とその捉え方の歴史的変化、労働と労働者のジェンダー化について考察した。第10講は植民地・戦争・レイシズムに言及し、異文化間接触の過程での文明／野蛮の差異の強化とこれをめぐる女性の活動、戦争が女性に及ぼした影響、植民地・占領下を含めた戦時性暴力について述べた。

本書は、『ジェンダー史10講』と銘打っている。それゆえ読者は、幅広い地域と時代をカバーした叙述を期待されるかもしれないが、本書の内容は、私の専門であるドイツ・ジェンダー史を反映して、ヨーロッパ、しかもドイツ近代史が中心である。日本での研究や論争、またその他の地域についてもできるだけ触れようとしたが、私の非力のせいで、きわめて限定的にしか果たせなかった。また宗教や売買春をはじめ、触れられなかったテーマも多い。お詫び申し上げるとともに、読者が寛容な気持ちで本書に接してくださることを期待している。

私が本格的に研究をはじめたのは、大学院博士課程に入学した一九八〇年代はじめのことで、ちょうど「新しい女性史」の興隆の時期にあたっている。それから四〇年以上たった現在まで、女性史・ジェンダー史は多くの論争を経験し、研究方法も変化を重ねてきた。本書は、同時代人としてそれらの過程を見てきた私が、研究者人生が終盤となった今、自分の体験を重ね合わせながら書いたものである。

岩波書店には、10講シリーズの一つに『ジェンダー史10講』を含めてくださったことに感謝している。長い道のりを経て、ジェンダー史が歴史学のなかに根をおろした証左だと受けとめている。編集部の杉田守康氏は、貴重な助言を含めて本書を完成に導いてくださった。お礼を申し上げる。

目　次

第*1*講
女性史研究の始動
世界と日本

第３回「全国女性史研究交流のつどい」
報告集と会場の様子(1983年)

1　先駆的な女性史研究

第一波フェミニズムと女性史研究

一九世紀末、歴史学をはじめとする学問はまだ完全に男の世界だったが、女子教育の改善、女性の専門職進出や女性参政権獲得などをめざす第一波フェミニズム運動が起こり、ようやく女性の大学入学が展望できるようになった時代に、女性史関連の著作が産声をあげた。書き手は女性運動家やその影響を受けた女性たちで、女性解放という目的と密接に結びつき、社会を変えたいという意志に後押しされていた。彼女たちは女性解放の方向性を探るため、あるいは運動の成果と課題を記録するために、現状分析や歴史に関する著作を発表するようになったのである。

古くは、アメリカで女性参政権運動を推進したエリザベス・C・スタントンやスーザン・B・アンソニーらによる『女性参政権運動の歴史(*History of Woman Suffrage*)』(全六巻、一八八一

〜一九二三年）。また著名な歴史家の妻で、労働運動や女性参政権運動にも関わったメアリ・ビーアドは、女性が男性並みになるという形での男女平等に反対し、女性は男性とは異なる価値観で歴史を主体的に作りあげてきたと主張する『歴史における力としての女性（*Woman as Force in History: A Study in Traditions and Realities*）』（一九四六年）を上梓した。

イギリスでは、改良主義的な社会主義組織フェビアン協会の女性問題への取り組みに不満を抱いて一九〇八年に創設された「フェビアン協会女性グループ」のメンバーが、女性の経済的自立の可能性を探る目的で、また人間の悲惨さや苦しみを訴える人道主義的立場から、産業革命が中産階級と労働者階級の女性たちに及ぼした否定的影響について記した。なかでもアリス・クラークは、本格的研究『一七世紀の女性の労働生活（*Working Life of Women in the Seventeenth Century*）』（一九一九年）を公刊し、前工業化期の女性は農業、家内工業、商業で活発に経済活動に従事していたのに、資本主義の台頭によって、活動の場を奪われていったと主張した。クラークの著作は長年、忘却されていたが、後述する第二波フェミニズムの時代に女性史研究が活発になるなかで再刊されている。

第一次世界大戦後には、学問の世界で居場所を獲得したパイオニア的女性研究者の手によって、産業革命が女性に与えた影響をむしろ肯定的に評価する研究が登場する。一九二一年にロンドン・スクール・オブ・エコノミクスの経済史教授になったリリアン・ノウルズが、同じ年に上梓した『一九世紀大英帝国の産業および商業革命(*The Industrial and Commercial Revolutions in Great Britain During the Nineteenth Century*)』。そして、長年、真っ先に参照されるべき女性労働史の古典として高く評価されてきたアイヴィ・ピンチベックの『女性労働者と産業革命 一七五〇〜一八五〇年(*Women Workers and the Industrial Revolution, 1750–1850*)』(一九三〇年)。彼女は、産業革命で女性たちは失った以上に獲得した、と主張した。本書も、一九六九年に再版が出た。

高群逸枝

日本の女性史研究のパイオニアとして、真っ先に挙げられるのは高群逸枝《たかむれいつえ》である。彼女は、日本社会は通時的に家父長制支配であるという通念を打破するために、一九三八年に『母系制の研究』を完成させた。高群は母性主義フェミニズムを唱える平塚らいてうから大きな影響を受け、男女平等をめざす女権ではなく、女性の独自性を唱える女性主義に共鳴していた。そして、それを無政府主義と結びつけて新女性主義を説いた彼女は、従来の男性による歴史の見方と家父長制支配の家族制度を変えたいという意志に突き動かされ、古代から日本に長く続いた母系氏族の存在による国家の統合を主張したのである。

この原始・古代を理想視する歴史観にもとづき、高群は戦後まもない一九四八年に『女性の歴史』を、五四年から五八年にかけて四巻の大部な『女性の歴史』を公刊した。彼女は女性中心の古代から、その後の女性の屈辱の時代を経て、解放への光がさしこむ近現代へという、通史の構想を立てていた。この彼女の解放史観を、次に述べる戦後歴史学のマルクス主義的立場への転換とみる指摘もあるが、彼女にとっては女性の立場からの一貫した構造的歴史把握こそ重要で、それに戦後歴史学の立場を接木したのであった。ともあれ高群の女性史は、原始・古代に女性がもっていた力を示したことで多くの女性たちを魅了し、七〇年代のウーマン・リブにも影響を与えた。

2　戦後の日本女性史研究

戦後歴史学

女性参政権獲得や一九四七年施行の日本国憲法への男女同権の明記など法的な男女平等達成の興奮がまだ冷めやらない戦後の一九四八年に、戦後歴史学の代表的論客となる井上清が、啓蒙的な通史『日本女性史』を刊行した。この本は唯物史観にもとづく解放史で、私有財産の成立とともにはじまった階級と女性に対する抑圧は戦後に解放の時代を迎え、女性解放のためには階級支配の克服が必要だという図式を提示した。

戦後歴史学は西欧近代をモデルとするリベラル思想とマルクス主義の二つを柱として誕生した進歩主義的な歴史観で、戦前の日本を、西欧モデルの近代とは異なり後進的で「歪んだ近代」と捉えて、近代の徹底化を目指していた。日本の歴史学界ではマルクス主義の方が支配的で、一九五〇〜六〇年代には封建遺制の克服と社会の近代化をテーマとし、唯物史観にもとづいて歴史の法則性と発展を主張する立場が隆盛を極めていた。この時代に戦後歴史学は、世界史的なひろがりのなかで現状を分析し将来像を展望できるツールとして、歴史学界の枠を超えて幅広い公衆に訴えかける影響力を持っていた。また解放史観を唱える戦後歴史学は、近代の徹底化、すなわち民主化は抑圧からの解放につながると捉え、歴史研究においても変革を推進していく主体、すなわち「変革主体」の形成を重視した。

女性たちは「婦人解放」(当時の呼称)の可能性を探り、民主化時代の要請にかなう新しい生き方を模索し、母親や主婦の立場から社会的要求をかかげる運動も推進していった。そのような時代の後押しを受け、戦後歴史学の方法論に則って啓蒙通史として書かれた井上の『日本女性史』は、一九五〇年代にすでに結成されていた女性史研究をはじめとする女性サークルや労働組合、また新制大学の女子学生たちの学習テキストとして読み継がれていった。

欧米でも、先述の第二次世界大戦以前のイギリス女性労働史研究の延長線上でヴィクトリア時代の家庭外労働の既婚女性に与えた影響を検討した書物が一九五八年に出版され、アメリカでは女性参政権関連の概説書や研究書が一九五〇～六〇年代に著され、東ドイツでは社会主義女性運動の研究が行われたりするなど、女性史研究はわずかながら存在した。しかし、この時代の欧米と日本の大きな違いは、日本に女性史研究を受容する幅広い読者層が存在したことである。高群の著作も、井上と並んで広く読まれていた。戦後歴史学は、一九五〇年代から細々とはじまった在野の女性たちによる日本女性史研究や、その後のアカデミズム女性史研究にも影響を与え、八〇年代前半までは命脈を保っていた。

民衆史研究と生活史

一九六〇年代には、生活者としての民衆に注目し、民俗学的方法も取り入れて「底辺」の人びとの体験や心情という観点から歴史を叙述しようとする「民衆史」が登場した。民衆史の視点は時代を精一杯生きてきた女性の歴史の掘り起こしも促し、女性史の第二の潮流である「生活史」が誕生した。文献史料を残していない庶民・「底辺」女性の生身の姿を具体的に記すために、聞き書きを取り入れた山本茂実『あゝ野麦峠』(一九六八年)、山崎朋子『サンダカン八番娼館』(一九七二年)、森崎和江『からゆきさん』(一九七六年)は、著述家の巧みな筆遣いで書かれたこともあってベストセラーとなり、前の二作は映画化もされた。

運動、家族(=「家」)、労働、売春を含めた性を取りあげ、民俗学の成果も取り入れながら庶民を含めた女性たちの生きた日常とその内面的なエネルギー、そして彼女たちの生活環境や時代的制約を把握しようとした村上信彦の『明治女性史』(一九六九〜七二年)は、二つの点で一九七〇年代の画期的な著作となった。

一つは、「解放史」か「生活史」か、という女性史論争を引き起こしたことである。この論争で焦点になったのは、何を対象として何のために研究すべきか、であった。前者は、戦後歴史学の立場から解放への道筋と展望を示すために女性運動史を重視し、その変革主体の形成の探求を主眼とした。これに対して後者は、井上の解放史にみられるような結論から過去へとさかのぼる目的論的な解放史観を批判し、豊富な事実をありのままに捉えることによって庶民女性の全生活史を掘り起こすべきと主張した。ただし、解放史を擁護した米田佐代子や伊藤康子も、女性解放には独自な課題と取り組みかたがあることを指摘し、井上が女性の問題を階級の問題に解消してしまうことには異議を唱えている。性を前面に出さずに、階級という問題意識と基軸だけで女性の歴史を書くことは、もはや不可能になっていたのである。

もう一つは、村上が井上の概念化された図式的歴史学を批判し、実証的な女性史を対置したことである。村上の女性史は史料引用の多い具体的な叙述であり、女性史研究を啓蒙からあらたな個別実証の段階へと導く転換点となった。

3　女性史研究の拠点としての地域女性史

地域女性史研究会の活動

前節で述べた戦後歴史学、生活史に続いて、アカデミズムによる女性史研究がはじまる前に日本女性史の導きの糸となった第三の潮流が地域女性史である。一九七〇年代には「女性史の氾濫」(犬丸義一)と言われるほど、多くの女性史関連の著作が出版されたが、その一端を読者として、また書き手として支えたのが日本各地に形成された地域女性史の研究グループだった。その結成は一九五〇年代半ばにはじまり、七〇年代に急速にその数を増加させ、北は北海道から南は沖縄まで、全国各地に研究会が誕生した。

第二波フェミニズムについては第2講で述べるが、この運動がはじまった一九七〇年代は従来のジェンダー秩序の世界史的な転換点となった時代である。日本で起こったウーマン・リブ運動は地域女性史には直接的な影響は及ぼさず、その担い手たちの多くはリブとは源流の異なる既存の母親運動や平和運動の参加者だった。しかし、女性差別撤廃に向けての関心は、七五年の国際女性年とそれに続く「国連女性の一〇年」の過程で確実に高まっていた。差別是正のための施策が講じられるなかで地方自治体も女性政策の策定をせまられ、社会教育の講座で女性問題が扱われるようになり、八〇年代半ばから地域女性史の編纂にものりだした。一方での女性たち自身の女性問題への関心増大と研究熱の高まり、他方での地方自治体の助成という相乗効果が働くなかで、地域女性史の活動は活発化していった。当時の会員には男性を含めた専門研究者もいたが、大半は、ひとりひとりの女性たちがいかに生きてきたか、その過去を知りたい、そこから現在を見定め将来を展望する手がかりにしたい、と考える教員や主婦などであった。彼女たちは、解放史と生活史の双方の視点を採り入れながら、地域の新聞記事を丹念に読み、母や祖母の世代の個人のライフヒストリーを聞き取ることで、その地域の生活・暮らしの場に根ざした家族や労働、社会運動、戦争体験などの歴史を掘り起こし、記録していった。

二〇〇三年に刊行された『地域女性史文献目録』には、「地域別文献」総数一二七六篇が収録されている。文献の数は、一九四〇年代から六〇年代までは計九二篇だったものが、七〇年代に一五五篇と増えはじめ、ピーク時の八〇年代には四七五篇、九〇年代には四五一篇を数えているが、二一世紀になると減少している。その多くが、デジタル時代の今では考えられない、女性史研究会メンバーによる地道な共同作業の成果である。一九五九年に最初の地域女性史研究会の機関誌『むぎ』を発行した愛媛県の「女性史サークル」は、愛媛新聞の婦人問題関係記事をすべて筆記し、項目別に分類して内容を要約する、という形で『戦後えひめの女性史年表』を一九六八年に発行した。研究会メンバーが地域紙を手分けして丹念に読んだ成果として、広島女性史研究会編『新聞集成　広島女性史――この時代に生きた女たち　一九二〇年―一九三五年』(一九八一年)、岡山女性史研究会編『近代岡山の女たち』(一九八七年)などもある。女性政策の一環としての女性史出版の画期的な成果としては、たとえば専門研究者と地域住民と行政が協力しながら編纂した神奈川県の『夜明けの航跡――かながわ近代の女たち』(一九八七年)が挙げられる。

一九七七年には第一回「全国女性史研究交流のつどい」が開かれ、一六〇人あまりが参加した。この「つどい」は、各地に設立された女性センターの援助は受けつつも、在野の研究者の手弁当による大会運営という形で開催されていた。八三年の第三回の参加者は実に一一〇〇人以上を数え、女性史研究への熱気がいかに高まっていたかがわかる（本講扉参照）。裾野の広がりを支えたのは、母親ネットワークであった。「つどい」は、二〇一五年までに一二回開催されているが、二一世紀になって予算削減の影響で自治体企画の女性史編纂は減少し、地域女性史は従来のような活動はできなくなっている。

そのような状況下にあっても、二〇一四年に地域女性史の初の全国組織である「地域女性史研究会」があらたに発足し、以前のような、その地域に暮らした女性の歴史を掘り起こすだけではなく、地域の視点から全体の歴史の書き直しを目指すようになった。柳原恵『〈化外〉のフェミニズム――岩手・麗ら舎読書会の〈おなご〉たち』（二〇一八年）は、岩手でフェミニズム的視点をもつ女たちの地域ならではの活動や書き物を、聞き取り（オーラルヒストリー）を交えながら把握・分析し、東京に集中していたリブの研究を「化外」（周縁・辺境）から捉え直した研究である。地域女性史に込められた、地域に根ざした歴史という視点を生かし、さらにそれを地域から見るという視点に発展させて、地域と中央の関係を問いながら、地域独自の歴史とその意味を明らかにしていく、というあらたな試みの成果である。

ドイツの地域女性史

先に日本における民衆史研究の高まりについて触れたが、一九六〇年代半ばの欧米では、民衆史とも重なる問題関心をもつ社会史研究が登場した。以前の歴史学は、国家の権力関係を扱う政治史や外交史を対象とし、大きな事件や出来事を取りあげるとともに、人物では、政治の決定過程に関与し、公的文書の他に日記や伝記などの史料が数多く残されている偉人に焦点を当てていた。これに対して社会史、とくに「下からの社会史」は、まったく異なる人びと、つまり大部分が文書史料を残さず、従来の歴史研究では取りあげられることのなかった民衆や下層の人びとに焦点を当て、その思考方法や行動様式に注目したのである。

一九八〇年代には欧米や日本の西洋史学界を社会史研究が席巻していたが、ドイツの社会史は、普通の人びとへの注目というより、階層や社会動向を考察しながら政治に注目する社会構造史が主流だった。それゆえドイツでは社会史のもう一つの潮流として、文化人類学の手法を取り入れながら、普通の人びとの生活に目を向ける日常生活史という方法論が登場した。地域の身近な日常の歴史が研究対象となったため、専門研究者に限定されない多くの人が「草の根の歴史学」を主張して各地で歴史運動グループを作り、「歴史工房」が誕生した。大量失業、環境問題、軍拡といった八〇年代の問題関心に裏打ちされ、「工房」は近代の工業化に対峙した地域の人びとの広義の文化や日常に関心を向けた。

図1　ケルンの「製絹女性通り」の表示板を手にする女性（1987年）

女性の視点を歴史学に導入する、という「新しい女性史」(第2講参照)が登場していた当時、フェミニストの女性たちも、この歴史工房運動に参加し、それぞれの地域で女性たちの過去の軌跡をたどる女性史研究グループを誕生させた。彼女たちは女性史を実践に移すことを重視し、出版だけではなく、展示会を開催して女性史を目に見えるものにしたり、観光客向けに女性の歴史にちなんだ場所をめぐる市内ツアーを催したりして、参加者に女性史の痕跡を示した。

たとえばケルンでは、中世から近世初期にかけて絹地はもっぱら女性によって生産され(第9講参照)、女性製絹親方の作業場兼自宅の並ぶ通りがあったが、その歴史は忘れられ、通りの名には製絹通り(Seidmachergäßchen)という男性名詞が使われていた。ケルンの女性史研究グループがイニシアティブをとって請願活動を行い、一九八七年に通りの名を歴史的な事実に即した製絹女性通り(Seidmacherinnengäßchen)に改めさせた(図1参照)。市内巡りでは、女性による製絹労働の歴史についてと、それが忘れられてなかったことにされたこと、そして女性の歴史を取り返す過程が説明され、女性史が実践されたのである。

日本の地域女性史と同様に、ドイツでも史料を残さなかった普通の女性たちの体験を聞き取る作業が行われていた。この時代に、ナチ支配下の強制収容所を生き延びた人びとへのインタビューが集中的に行われるようになり、出版物や収容所内博物館のビデオでの語りとして公開されている。大きな成果の一つは、女性の視点の導入によって、それまでタブー視されたり隠蔽されたりしていた収容所内の性暴力や売春についての語りが引き出されたことである。女性・ジェンダーの視点の意識的な導入によって、忘れられていた歴史の掘り起こしだけではなく、なぜ忘れられたのか、その理由の解明も進んでいった。

アカデミズム女性史研究への離陸

日本の在野中心の多くの女性たちのエネルギーは、数多くの地域女性史の刊行につながった。とはいえ、こうした日本の女性史研究は、「実証力や論理構成の弱さ、聴き取りの流行によるお手軽さ、円筒形女性史ともいうべき視野の狭さ」(鹿野政直)と厳しく批判された。アカデミズムの訓練を受けていない女性たちの熱意だけでは、限界があったことは確かである。

この状況は、一九七七年に結成された女性史総合研究会が文部省の科学研究費を受給して共同研究をはじめたことが転換点となり、八二年に同研究会編の『日本女性史』全五巻が出された頃から変化していった。この本は、個別の専門領域をもつ研究者が共同で執筆した通史で、啓蒙書ではなく、実証史学の名に耐えうる専門書であった。この頃から女性史研究にあらたに取り組む若手も増えた。八〇年代半ばから、これまで女性だと、まして女性史という専門領域では大学に職を得るのは難しかった状況が変化しはじめ、女性史研究者にもチャンスが広がっていく。日本の女性史は、長い助走段階を経て、ようやくアカデミズムのなかで居場所を獲得できるようになった。

第2講
第二波フェミニズムと新しい女性史

フランス革命で「パンを寄こせ」と叫びながらヴェルサイユに行進するパリの女性たち(1789年10月5日)

1 「新しい女性史」の誕生

第二波フェミニズムの勃興と女性学の誕生

一九六〇年代末にアメリカでは、「良き妻・母になることこそ女の幸せ」という当時浸透していた女性観を見直す動きが活発化した。この「女らしさの神話」に対する反逆の狼煙《のろし》は、たちまち西ヨーロッパや日本にも拡がり、フェミニズムの第二の波となった。フェミニストは、女性解放には男性による女性の支配、つまり性支配の廃絶が必要だとみなし、その性支配は、政治や労働の場だけではなく、家族やセクシュアリティなど個人的な領域にまで及んでいると主張した。第二波フェミニズムの真髄は、個人の生活まで含めた、あらゆる領域での男性支配を白日の下にさらしたことと、それを可能にした女性の視点の獲得である。

学問の世界でもフェミニズムの影響下で女性の視点が導入され、正統派アカデミズムに対する挑戦が開始された。一九七〇年代初頭には、客観的で中立だと考えられてきた諸学問が実は男性中心に構造化されていることを告発し、女性の経験や関心事に焦点を当てて、女性について学際的に研究する「女性学（Women's Studies）」が登場した。人間、市民、普通、一般といった用語には当然、女性と男性の双方が含まれているはずであるし、そのことに疑問ももたれていなかった。しかし、誰を、何を基準にこれらの概念が作られているのかを女性の視点からあらためて捉え直すと、そこに潜む男性的バイアスが明らかになったのである。七〇年代半ばには、女性学と問題意識を共有しながら、既存の学問の男性中心主義を批判し、女性視点を導入して従来の学問のあり方を問い直し、学問体系をあらたに作り直そうとする試みが、社会学や哲学など個別の学問分野でも活発に行われるようになる。

「新しい女性史」の樹立

歴史学の世界では「新しい女性史」の樹立が宣言され、従来の歴史学には見られなかった性カテゴリーを導入し、女性の視点からの新しい歴史研究が開始された。この動きを牽引したのもアメリカで、一九七七年にパイオニア的論文集『姿をあらわす――女性のヨーロッパ史（*Becoming Visible: Women in European History*）』が出版された。歴史の全体像を把握しようとする「一般史」と称する歴史研究で女性がほとんど登場しないことを批判する新しい女性史の最大の目的は、女性を歴史に取り戻すこと、つまり歴史の半分を占めた女性を歴史叙述のなかで可視化することであった。論文集のタイトル『姿をあらわす』は、以前の歴史研究では不可視だった女性が、文字通り可視化されたことを意味している。

女性が歴史叙述に登場しなかった理由の一つに、歴史を動かしてきたのは男性であり、女性は歴史に規定されるだけの受動的な存在だったという見方があったが、新しい女性史はこの見解を退け、女性を、歴史を動かす主体として捉えた。また差別され抑圧された歴史の被害者だった女性が、どのようにそこから解放されたのか、あるいは解放を目指したのか、という被害者史観＝解放史観も採らなかった。被害者という観点は、男性を尺度とする見方から出てきたものであり、男性の歴史観を踏襲しているからである。新しい女性史は、権力とは無関係な普通の女性たちの日常に目を向け、社会学や文化人類学など他分野の方法論や成果を取り入れながら、彼女たちが、いかに生活し、労働し、社会や国家と関わり、数々の制約があるなかで、どう主体性を発揮し、それが歴史の行方とどのように関わっているのかを探究しはじめたのである。

新しい女性史にとって、もう一つ重要だった問題意識は、歴史上の女性の営為の掘り起こしという女性の可視化が、従来の研究の空白部分を埋めるだけ、たとえばフランス革命などの大事件に女性も関わっていた(本講扉参照)という女性の貢献を明らかにするだけに終わってはならないことである。つまり新しい女性史の目的は、従来の歴史叙述に女性を付け足すという補完的な機能を果たすことに留まらない。女性と男性は異なる歴史を歩んできたが、男性は自分たちの体験を歴史として定義して女性を排除するのみならず、女性の体験のもつ意味を、自分たちの価値基準によって判断してきた。これに対して新しい女性史は、女の目で見れば、女性たちが定義する価値基準によって読み直せば、歴史はどう見えるのだろうか、と問うたのである。

たとえば『姿をあらわす』に「女にルネサンスはあったのか」という挑発的なタイトルの論文を寄稿したジョーン・ケリーは、男性にとっては束縛からの解放となる歴史的展開が女性にはまったく異なる、反対の結果をもたらすことがあり、ルネサンスはその好例だと指摘している。身分制下では宮廷の恋愛で高貴な女性にも性的能動性が認められ、女性が文化的・経済的・政治的な役割も果たしていたのに対して、ブルジョワジーの力が強くなったルネサンス時代には様変わりし、女性は従属的になったという。女性の視点からルネサンスの歴史解釈を再考すれば、従来のような肯定的評価は下せないのである。考察対象だけではなく、考察方法にまで踏み込んで「一般史」の男性中心主義にメスを入れ、女性の体験を女性の視点から問い直し、その意味を明らかにすること、それが『姿をあらわす』で主張された、歴史に女性を取り戻す、の意味内容である。

このようにして新しい女性史は、歴史研究にあらたに性カテゴリーを導入して男性中心の従来のパラダイムを転換し、女性と男性の双方の体験とその意味を踏まえて歴史を解釈しなおし、普遍的とされた「一般史」が真の意味での普遍史になるよう全体史の書き換えを目指したのである。

新しい女性史の影響下での女性の主体性把握の例

アメリカの代表的歴史研究者の一人であるナタリー・Z・デーヴィスは、新しい女性史の勃興期の一九八二年に、一六世紀フランスのラングドック地方で起こった偽亭主事件とその裁判を取りあげて、『マルタン・ゲールの帰還』を著した。この事件のあらましは、次の通りである。

一人の裕福な農民が妻子と財産を置き去りにして何年も消息を絶った後、戻ってきたが、実は彼は偽物だった。彼は「叔父」と対立して偽物だと告訴され、妻のベルトランドも告訴に協力した。彼女は「夫」が偽物であることを見抜いていたが、彼女の希望は、自分が敗訴して仲睦まじく過ごしていた偽亭主との日常を取りもどし、かつ不義密通の汚名を回避して、村での自分の立場と評判を守ることだった。そのために彼女は、偽亭主の発言と齟齬をきたさないように細心の注意を払いながら、本物だと信じきっている女のイメージを演じきった。判事たちは、彼が偽物だと断定できなかったが、その時本物が帰ってきて、偽亭主は最終的に死刑の判決を受ける。ベルトランドは本物の登場後も気力を保ち、今度は夫を歓迎して、偽物にまるめこまれたと主張した。誠実さを認められた彼女は姦通罪を免れ、さらに偽物との間に生まれていた子どもは「本物だと信じていた間の懐妊」という理由で嫡出子とされたのである。

この事件に関して高等法院の判事は、弱い存在である女性がたぶらかされたもので、彼女は無自覚な犠牲者だと考えた。しかしデーヴィスの見解は、判事のそれとは異なる。ベルトランドが彼女の意志で主体的に行動したという前提で、この著書を書いている。彼女の行動の背後に秘められた心理分析はもちろんデーヴィスの推論だが、デーヴィスは一〇代半ばで結婚した妻の性格と周囲の女たちの価値観を注意深く観察した結果、当時の農民女性には自分で選択できる余地はないと捉えていた多くの歴史家とは異なる、ベルトランドの「主体的対応」という結論に達したのである。

この作品が書かれた時期には、新しい女性史が、女性は歴史の被害者ではなく、歴史に主体的に働きかける存在だと声高に主張していた。デーヴィス自身は女性史研究者ではないが、その影響は受けていたし、本書もそうした主張と呼応するものだったといえよう。

社会史の影響

新しい女性史の誕生には、第1講で述べた、権力者ではない普通の人びとの歴史に焦点を当てた社会史、とくに「下からの社会史」が大きな影響を及ぼしている。この普通の人びとには、当然、女性と男性の双方が含まれているはずだが、ここでも従来の男性中心の歴史研究が踏襲され、当初の社会史は普通の男性にしか目を向けなかった。労働者、民衆、階級などの価値基準は、男性中心のままであった。それでも、史料を残していないがゆえに、伝統史学とは異なる考察方法が要求される普通の人びとが歴史叙述に登場したことは、研究対象の拡大という意味でも、たとえば裁判史料や当事者への聞き取りといった従来とは異なる史料の利用という点でも、新しい女性史と共通するところが多く、その勃興に大きな影響を与えた。

当初は男性中心だった社会史研究は、のちには女性史研究の進展を歓迎するようになり、逆にイギリス労働史の場合のように女性史が社会史の牽引力になることもあった。ただし、社会史が女性史の主張につねに全面的に賛同したわけではない。たとえば政治史や外交史中心の伝統史学を批判しながらも、下からの社会史ではなく、階層や社会動向を考察しながら政治に注目したドイツの社会構造史は、女性史は社会史の一構成要素、つまり「部分史」にすぎないと主張した。女性史の目的は全体史の問い直しと書き換えにあったが、社会構造史はそのような挑戦は退け、従来の研究の空白を埋める補完の役割しか認めなかったのである。

2　「新しい女性史」は何をもたらしたか

私領域を歴史研究の対象に

女性を可視化し、男性的基準によることなく歴史を考察するためには、女性の居場所に注目し、そこでの女性の営為がもっていた歴史的意味や役割を問わなければならない。それゆえ新しい女性史は、公領域中心だった歴史研究の対象領域を女性の居場所とされた私(=家庭)領域にまで拡大した。私領域は歴史に無関係なプライベートな領域か、あるいはせいぜい周縁的な領域としかみなされていなかったが、新しい女性史は、その価値基準を転換し、私領域を歴史の推進拠点の一つとして位置づけたのである。そして、公領域での女性の活動も私領域と関連させながら考察するようになった。公領域での女性の活動は、私領域を視野に入れない限り正しい把握は不可能だといっても過言でないほど、私領域と深く結びついていたのである。詳しくは第5講以降の各論のなかで述べるが、私領域に目を向けることで、たとえば出産や身体、セクシュアリティなど、従来は歴史学研究の対象となるなど予想もしなかったテーマにも焦点が当たるようになった。

たとえば労働に関して見てみよう。従来の男性を基準とした歴史研究では、対象を女性にまで拡大するにしても、取りあげられるのは、工場で働く労働者や労働運動の参加者など、男性と同じ世界にいる女性に限られてくる。しかし、私領域を含めると、家庭領域での女性の労働、つまり家事労働、掃除や洗濯など家事関連の賃労働、住み込みの家事使用人(女中)としての労働、針仕事、ミシンを使った内職など、以前は視野に入らなかった労働が、あらたに歴史研究の考察対象となった。また女性の就業労働の考察方法も、賃金、雇用関係、労働運動など、就業現場の問題に限定するのではなく、家族との有機的連関のなかで問われるようになった。主婦と労働者という二足の草鞋《わらじ》をはく場合のアイデンティティ、夫の収入と妻の就業労働の有無や就業形態、出産・育児などのライフサイクルとの関連など、女性の就労は家族に規定される側面が大きいし、逆に、家庭という規範は家庭外での女性労働の評価にも大きな影響を及ぼしている。

従来の歴史解釈では、私領域と公領域、家庭生活と生産活動は対立的なものとして捉えられてきたが、両者は対立物ではなく、連関している。家族との関連を考慮に入れないと、女性の就労を十分に把握することはできないのである。私領域を考察対象に含めることで、従来の労働観は変更を余儀なくされて多角化するとともに、労働概念それ自体にひそむ男性的バイアスも浮き彫りになった。新しい女性史の最大の貢献は、これまで中立的とみなされていた「一般史」が実は性・ジェンダーをもっていたこと、つまり男性史にすぎなかったことを明らかにした点である。

領域分離

近代社会では男女の領域分離(性別役割分担)という理念が存在し、男女の役割、居場所、行動などは厳密に区別され、男女それぞれに異なる規範が適用されていた。この領域分離によって男性には公領域、女性には私領域が割り当てられ、しかも「公」は優位に、「私」は従属的に位置づけられた。その結果、男性が女性を支配するヒエラルキー的な公私二元的ジェンダー秩序が確立した(第6講参照)。新しい女性史研究は、この領域分離が実際に存在したことを前提にして、分離による女性排除の側面だけではなく、分離されていたがゆえに可能になった女性の活動にも注目した。

アメリカでは、この分離ゆえの女性の活動を考察するため、また「普通の女たち」の意識や生活の歴史を説明するために「女性の領域」という概念が形成され、一九八〇年代以降の女性史研究推進の重要な枠組みとなった。「女性の領域」とは家庭を意味し、男性の世界である物質主義的で激しい競争にさらされている公領域との対比で、家庭は精神の安息の場であり避難所とされていた。その担い手である女性は道徳性にすぐれ、慈愛や自己犠牲の精神の持ち主であるがゆえに公徳心ある立派な子どもを育てることができるとみなされ、「共和国の母」として国家に尽くす任務を与えられた。女子教育の発展は、この「共和国の母」論に負うところが大きい。女性たちが立派に任務を果たせるように女子教育制度が整えられ、女性の手で女性の特性を生かした教育ができるように女性教師も養成された。また女性たちは、男性不在の女性の領域のなかで自律心や連帯感を強化した。アメリカの第一波フェミニズムの誕生には、この普通の女たちの間での連帯心の形成、すなわちシスターフッドを基盤にした男性支配への対抗が大きな役割を演じた、という見解も登場した。ただし、こうした議論では八〇年代という時代を反映して、白人ミドルクラスの女性たちのことしか視野に入らず、人種的・民族的マイノリティや労働者階級の女性たちはその範疇に含められなかったのに、「普通の女たち」という用語が使われていた。

アメリカとは違って「女性の領域」は明確に概念化こそされなかったが、ヨーロッパ諸国においても、女性たちのもつ道徳心や、女性たちが日頃家庭で夫や子どもを世話するさいに示している、優しさ、人間らしさ、献身などの「女性に特有の精神」を社会的に発揮するという形で彼女たちが慈善・福祉活動、禁酒運動や奴隷解放運動などに参加し、自立と社会進出を果たしていったことが、多くの研究で明らかにされた。「男は仕事(公領域)で女は家庭(私領域)」という近代社会における男女の領域分離は、たしかに両性の法的平等の達成以前も以降も、男性による女性支配の原因となっていた。しかし、新しい女性史が私領域に目を向けたことで、「女性の領域」の否定的な側面だけではなく、男性と競合しない形で、また女性としてのアイデンティティを守りながら女性の社会進出が可能になった、という肯定的な側面も明らかにされたのである。

その最たるものが、母性主義フェミニズムである。日本の第一波フェミニズムでは、母性の社会的有用性を唱えて保護と国家による報酬を要求した平塚らいてうらの母性主義はよく知られているが、同時期の西洋のフェミニズムでは、女性参政権獲得など男女平等をめざす動きに注目が集まっていた。それゆえ母性主義は、保守的だと評価されがちであった。しかし、生産中心の価値観が批判された一九八〇年代には、それとは非対称的な「女性的価値観(女性原理)」を積極的に評価する運動——たとえば差異派フェミニズム——も登場し、母性的精神を掲げて社会変革をめざしたフェミニズム運動の歴史がさかんに研究されるようになった。その過程で、母性は女性を家庭の枠内にとどめるだけではなく、歴史的に見れば、女子教育の改善、女性の社会進出、国民《ネイション》意識の覚醒など、女性を社会や国家と結びつける起点となり、女性の地位向上を実現する根拠ともなったことが明らかになった。

3 「新しい女性史」の日本での受容

日本の女性史研究とフェミニズム

日本では一九七〇年代初頭に性支配を批判したウーマン・リブが起こり、七〇年代半ばには女性学が登場した。しかし、第二波フェミニズムに刺激されて新しい女性史研究が展開されるようになった欧米とは異なり、第1講でも述べたように日本の女性史はリブ登場以前から存在し、リブとは方向性の異なる母親運動や平和運動に支えられていた。それゆえ日本の女性史研究では、欧米のようにフェミニズムと結びつくことはなく、逆にリブには批判的だった。たとえば日本女性史の中心的な担い手だった伊藤康子は、リブを、現実に焦り爆発しているだけで、婦人解放への道筋も展望もない、と冷たく突き放したのである。戦後歴史学の刻印を受け、マルクス主義的な影響が強かった日本女性史にとって、リブ＝フェミニズムの影響を受け、女性の視点を前面に押し出す女性学や欧米の新しい女性史は、自らが確立してきた立場とは異なるものであった。

一方、日本史とは異なり一九七〇年代まで女性に関してはわずかな研究しか存在しなかった西洋史では、私自身も含めて八〇年代に研究に参入した若い研究者たちは、女性学や欧米の女性社会史の影響を受け、新しい女性史が推進する女性の視点からの研究を開始した。日本女性史とフェミニズムとの出会いが「不幸なもの」(上野千鶴子)であったとしたら、西洋史とフェミニズム的女性史研究＝新しい女性史との出会いは幸福なもので、女性史研究の動機と枠組みを得たことで、あらたに参入する研究者が増えていった。また社会学、文化人類学、宗教学などの分野で女性研究がさかんになったことで、これらの研究と相互に影響しあいながら、成果を重ねることができた。この八〇年代半ばの時期には、長らく続いていたアカデミズムの世界での有形・無形の女性の排除がなくなっていき、男性に較べて著しく不利で、まして女性史研究では、ほとんど期待できなかった女性の研究機関への正規採用の道も開けていった。こうした後押しを受けながら、女性史研究は活発化していった。

日本史の分野でも女性史研究への参入者は増え、一九八〇年代初頭から若手を中心に女性学的視点を積極的に取り入れる研究が登場するようになった。たとえば小山静子は八二年に「近代的女性観としての良妻賢母思想」という論文を書いて、儒教思想との関連で考察され、戦前日本の特殊な女性規範とされていた良妻賢母思想が、近代社会の性別役割分担を支えるイデオロギーだった、と主張した。八〇年代半ば以降は、長らく日本の歴史研究を方向づけてきた戦後歴史学の衰退や社会史の隆盛、フェミニズムの浸透などもあって、女性学に否定的だった日本女性史の対応も変化していった。九四年発行の『日本女性史研究文献目録Ⅲ』では、あらたに女性学の項目が設けられ、以前はリブ・女性学批判の急先鋒だった伊藤康子が、社会史、外国の女性史、女性学等は大きい刺激を日本女性史研究に与えている、と述べるにいたっている。

近代をめぐる問い

戦後歴史学の流れをくむ従来の日本女性史と、女性学や新しい女性史との間に引かれる境界線は、近代をめぐる理解に象徴的に表れていた。第1講で述べた戦後歴史学は、近代理念を進歩的、解放的として肯定的に捉えていた。これに対して解放史観をとらない女性学や新しい女性史は、近代に対して幻想を抱かず、近代に固有の抑圧形態を指摘した。

両者の近代理解の違いを端的に示しているのが、家族の問題である。戦前の長子による家督相続や女性の無権利状態によって特徴づけられる家父長制的家族、すなわち「家」制度は戦後改革によって廃止され、夫婦同権を定める家族のあり方が憲法で保障された。戦後歴史学は戦後の家族を近代理念が実現された民主的なもので、「家父長制（patriarchalism）」は姿を消し、封建遺制は払拭された、と捉えていた。ただし、この場合の家父長制とは、マックス・ウェーバーのいう伝統的支配の典型例である「家長たる男子が伝統以外に拘束されることなく成員を統率・支配する」という意味であり、戦後歴史学に限らず、社会学や法制史など、日本の諸社会科学で汎用されていた考え方である。

ところがフェミニズム的諸科学は、戦後の家族にも「家父長制（patriarchy）」が貫徹していると捉えた。訳語は同じだが原語の異なる、この家父長制は文化人類学由来の父権制と同義であり、権力の男性による支配を意味していた。フェミニズム理論は、この性支配という意味での家父長制が、家庭のみならず、政治、社会、経済、宗教、文化、さらに客観的とされた科学の分野まで含めて、あらゆる領域で構造化されていると喝破したのである。フェミニズムにとって家父長制は、分析上のキータームであるにとどまらず、運動のスローガンともなった。フエミニズムは現存の性支配としての家父長制に批判の矛先を向け、「家父長制打倒！」を旗印とした。性支配の普遍性を強調するあまり、フェミニストは当初、家父長制を非歴史的なものとして総体的に捉える傾向があった。しかし、八〇年代になると、こうした家父長制の歴史貫通的な用法は後景に退き、それぞれの時代や地域の個別状況を鑑みながら歴史化され、比較史的に考察されるようになった。

たとえば近代との関わりで重要なのは、人権など近代理念の解放的側面から女性が排除され、無権利状態で家庭に封じ込められるという近代に固有の男性支配、つまり近代的家父長制が明らかになったことであった。女性学が「近代」をさかんに取りあげた一九八〇年代には、近代家族論や女性史の知見（第5講で詳述）によって、第二波フェミニズムが女性抑圧の原因として指摘した女性の家庭領域への囲い込みが、公領域と私領域が分離した近代の産物であることが明らかになっていた。近代的家父長制は、法的平等の達成によって女性が無権利状態から脱した後も、日本では「家」制度の崩壊後も、公領域はもちろん、家庭においても存続していたのである。一九四五年の敗戦は、戦後歴史学にとっては「家」制度の崩壊という意味で断絶と捉えられたが、女性学にとっては、性別役割分担を基盤として女性を家庭に封じ込める近代家族の存続という意味で連続性をもっていた。前者は戦前日本の特殊性を強調していたが、後者は西洋近代と日本近代との類似性を主張した。近代的家父長制は西洋近代と日本近代に共通するものであり、この観点から戦前日本の特殊性は否定されたのである。

第3講
ジェンダー史

「男らしさ」の象徴としての決闘．アメリカ合衆国ニュージャージー州で行われた副大統領アーロン・バーとその政治的対立者アレキサンダー・ハミルトンの対決(1804年7月11日)

1　ジェンダー史の登場

ジェンダー史登場以前の概念史・関係史・男性史

ドイツ女性史研究の黎明期の一九七六年に、カーリン・ハウゼンは概念史の方法を用いて百科事典で男性／女性がどのように定義されているかについて考察した。概念史とは、家族、祖国愛など、さまざまな概念が時代によってどう理解されていたのかを把握するものであり、その意味内容の変化から歴史の変化を読み解くことができる。ハウゼンは、一七七〇年から一八二〇年の間に男女の特性の対極化が進み、強靱／脆弱、勇敢／臆病、理性的／感情的、自立的／依存的、能動的／受動的、といった具合に男女が二項対立的に把握されるようになったことを明らかにした。当時、男女の本質的な違い、生まれながらの男らしさ／女らしさとして理解されがちだったことが、実は歴史的に形成された可変的なものであることを喝破した彼女の指摘は、「家事や育児は女性の天職」説を退ける知見として、フェミニストに大きな勇気と希望を与えたのである。

ドイツの新しい女性史の旗手として登場したギゼラ・ボックは、一九八八年に書いた方法論的な論文のなかで、生物学的な意味と社会的・文化的な意味の両方で使われていたドイツ語の「ゲシュレヒト(Geschlecht)」という用語(日本では性、ジェンダーなどと訳される)を、「ジェンダー」として概念化しようとした。すなわちゲシュレヒトは本質的なものではなく、社会的・文化的・歴史的な変数のカテゴリーであることを明確化したのである。後述の「女性史の孤立化」を回避するために、彼女は男女関係にみられるヒエラルキー的な権力関係に注目しながら、女性史を関係史として「一般史」に組み込んでいくことを提案した。しかし、この時点ではまだ二項対立的な男女関係把握が色濃く、ジェンダー間の差異化の過程に注目してジェンダー史を考察するという見方ではなかった。

日本でもすでに一九八四年に、フランス史研究者の長谷川博子が欧米の文脈での女性史の孤立化を念頭において、「女・男・子供の関係史にむけて――女性史研究の発展的解消」という論文を発表している。もちろん長谷川にもジェンダー間の差異化という問題意識はまだなく、女・男・子供を個別に捉えているが、それでも女性史の限界を認識し、関係史という、より大きなコンテクストのなかで考察することを提案した。ただし、八四年という女性史研究が活発になりはじめた時期に「女性史研究の発展的解消」を唱えた彼女の時期尚早な主張は、「ただかいも進歩もない」(古庄ゆき子)と日本女性史研究者の反発を招き、正当に評価されなかった。

一九七〇年代には第二波フェミニズムや女性学に刺激されて、学生運動参加者のなかから、弱さや感情を表現できないという抑圧を抱える男性の解放を唱えるメンズ・リブや、「男性であること」の意味を問い直す男性学や男性史研究が登場した。ドイツで一九七七年に出版され、セクシュアリティ抑圧と暴力や破壊を生んだファシズム的心性を探るため、男権的・家父長的な歴史システムの解明に体系的に取り組んだクラウス・テーヴェライトの『男たちの妄想』(邦訳、I一九九九年、II二〇〇四年)は、フェミニストの必読書と言われるほど反響を呼んだ。もっともこの書物は、人間の精神構造に注目していて、心理学や精神分析学の手法が用いられ、狭義の歴史学の範疇には属していない。男性史研究が中心的に行われたのは、アメリカである。ただし、男性史での男性は社会的に構築されたもの、という前提には立っていたが、ジェンダー史の登場以前の男性史は「男性についての歴史学的研究」にとどまっていた。

わずかな例を挙げただけだが、一九八〇年代末までにはこうした、ジェンダー史登場への架橋となるような、さまざまな試みが行われていた。

スコット『ジェンダーと歴史学』

新しい女性史研究は黄金期となった一九八〇年代に膨大な研究成果を蓄積し、従来とは異なる歴史像を提示してきたにもかかわらず、歴史学界の主流からは「女性という特殊な領域の歴史」とみなされ、自分たちとは無関係な別の歴史か、あるいはせいぜい「本来の歴史」への付けたし程度の扱いしか受けなかった。それゆえ、従来の歴史学の補完になることはあっても、その問い直しや書き換えにはつながらなかった。女性史は、「一般史」を称する歴史学の男性中心的な「特殊性」そのものを批判したが、一般史は普遍で、女性史は特殊という区別が揺らぐことはなかったのである。女性史の方も、とりわけ初期の段階では、his-story に対抗する her-story の叙述に熱心なあまり、全体の歴史との関連を見失うこともあり、一般史とは別個に女性史が存在するという、女性史の孤立化を招くことになったのである。

こうした状況を打破しようとして知的格闘を続けたアメリカのジョーン・W・スコットは、ジェンダー概念の再考にのりだし、この概念を歴史学で使いこなすために理論的に鍛え直そうとした。そして、女性史をジェンダー史へと転換させるきっかけを作った『ジェンダーと歴史学の政治性』(一九八八年、邦訳『ジェンダーと歴史学』一九九二年)を刊行した。

ジェンダー(gender)は、もとは文法用語であり、ヨーロッパ系の言語で男性、女性、中性という名詞の性を表わしている。名詞の性は人為的に決定されるため、同じ意味をもつ名詞の単語でも言語によって性が異なることがある。たとえば太陽はイタリア語では男性名詞、ドイツ語では女性名詞である。この人為性という観点から、性差の生物学的決定論を退け、女／男という性別・性差の構築や両性関係の文化性、社会性、可変性を主張するためにジェンダーという概念が用いられるようになった。

「ジェンダー史(Gender History)」という名称が使いはじめられた頃、ジェンダー史は女性史のように男性に対して攻撃的あるいは挑発的ではなく、女性史を「のりこえた」中立的なもの、といった受けとめられ方をされることもあった。しかし、スコットの主張するジェンダー概念およびジェンダーの歴史学は、知と権力との関係に焦点を当て、社会的・文化的な権力構造の組織化とその正当化のプロセスにメスを入れる、きわめてラディカルなものであった。スコットによれば、女性史は本来歴史学と別個に存在しているわけではなく、それを切り離して周縁化する構造を歴史学という知が作りだし、再生産してきた結果、孤立したのである。

スコットは、ジェンダーを「身体的性差に意味を付与する知」と簡潔に定義する。それ自体では、いかなる意味も生みださない女／男の身体的差異に、「真理」とは何かを規定する権力である知がさまざまな意味を付与することによって、女／男の本質的な差異として認識させ、しかもその差異は権力関係(＝ヒエラルキー)を伴いながら作動する。知とは、彼女にとって世界を秩序立てる方法であり、社会の組織化と不可分なものであった。

歴史学ももちろん、その例外ではなく、性差についての知の産出に参与し、男女間のヒエラルキー的関係を内包したままの歴史叙述によってジェンダーの構築に関与してきたのである。その例として彼女は、彼女自身も高く評価するエドワード・P・トムスンの古典『イングランド労働者階級の形成』を俎上に載せた。この古典的名著の言説を分析したスコットは、トムスンは男女平等を標榜するがゆえに、『労働者階級の形成』という物語を組み立てるにあたって女性を排除しているわけではないが、女性がいびつに描かれていることに注目する。すなわちスコットは、彼は典型的に女性的な表象を男性的なものと対比して使い、階級を男性的な諸特性の表象と結びつけて定義することで、特定の男性的な階級概念を確認していったと指摘する。スコットは、トムスンによる階級概念形成の過程にジェンダーが重要な関わりをもっていたことを示し、歴史研究者と歴史学が性差についての知の産出に参与していることを浮かびあがらせようとしたのである。

ジェンダー史が切り拓いた地平

　ジェンダー史の出発点は、性差は本質的なものではなく、作られたもの、という認識である。しかも、その女／男や女らしさ／男らしさは文化や社会によって作られるので、時代や地域によって異なり、また階層や民族によっても違っている。女性史、とりわけ初期の女性史は女や男を一括りにして把握しがちであったが、ジェンダー概念は女性や男性を固定的なものではなく、文脈に応じて生みだされ、再生産され、変化している歴史的産物であると捉えるため、同じ女性間あるいは男性間での差異の存在が前提になっている。また従来の女性史や女性と男性の関係史、あるいは男性史が、両性の相互関係や支配関係を考察する場合には、女性と男性を二項対立的な存在として想定していたのに対し、ジェンダー史は、女性と男性を切り離さずに、一対の互いの存在によって定義されるものとみなし、両者の間に引かれる差異の切断線、すなわち差異化の過程に注目する。この差異化によって、二項対立的なジェンダー(性差)が形成されるのである。

　女性史は、歴史のアクターとしての女性の経験を可視化する叙述的な歴史であったが、ジェンダーの歴史学は分析的である。ジェンダーは、政治、経済、社会、文化というあらゆる領域において秩序化や差異化、序列化が行われる時の基準となるカテゴリーとして作動するので、そのメカニズムを見ることによって、歴史形成のプロセスを解明できる。ジェンダーは、規範や価値観、アイデンティティを形成し、行動様式や活動空間を規定し、役割分担や領域分離を生みだし、法律や政治および経済制度の構成要素となる。ジェンダー史は、「中立」あるいは「両性関係とは無関係」とされてきた、あらゆる領域にジェンダーが関係していると主張したが、ジェンダーは、まさに構造を作りだす力、社会編成をうながす力として作用している。それゆえジェンダーという分析概念は、歴史学全体にとって不可欠なものなのである。

ジェンダー史では、女性だけではなく、女性との差異化を通じて構築される男性も考察の対象となる。一九九〇年代半ばからジェンダー史としての男性史研究が公刊されるようになり、個々人が「男」という社会的カテゴリーの一員となっていく文化的プロセスのなかで身につける自己のアイデンティティとしての男性性と、そうした主体の歴史過程への関わり方が歴史研究のテーマとなった。第5講以降の各論で言及する、男性的絆である軍隊、労働運動や労働における職能・熟練意識、ナショナリズムなどは、女性性との対比で男性性が要求され、育まれ、独特の男性的な行動が展開されて、歴史の帰結に影響を及ぼした代表的な例である。

アメリカでは、外交史などジェンダーとは無縁と考えられてきた分野での史料を男性性の観点から読み直して、画期的な成果を挙げている。たとえばフランク・コスティオラは、冷戦時代にモスクワのアメリカ大使館から外交官ジョージ・F・ケナンが打電した、ソ連に対する力での封じ込めを訴え、アメリカの対ソ政策を規定したとされる「長文電報」には、次のようなジェンダー的意味合いが隠されていた、と公文書やケナンらの個人文書を解読しながら指摘した。つまり、ケナンは、自己の男性性確立の可能性を投影しながらロシア文化を女性化し、ソ連指導者層を病理的男性性と認識した結果、ソ連との力による対決を通じた自己の男性的アイデンティティ獲得とアメリカ社会の「再生」を志向するに至った、というのである。

また、すでに述べたように当初の第二波フェミニズムは白人ミドルクラスの女性たちに焦点を合わせた運動で、彼女たちの価値観を世界規模で適用しようという傾向をもっていたため、第三世界の女性たちを中心に激しい批判を浴びた。しかし、男女間の差異だけではなく、同じ女性間・男性間の差異に注目するジェンダー史は、初期の頃から、階層や民族・人種間の差異を考慮しながら研究を進めてきた。一九八〇年代末にジェンダーと人種という二つの差別の交差性・複層性を考えるために概念化された「インターセクショナリティ(交差性)」は、今日ではより汎用的に、階級、性的指向、障害なども含めた差別や抑圧の交差性を示す概念として使われ、ジェンダー史で重要な役割を果たしている。とりわけ一九九〇年代以降のポストコロニアルな視点を取り入れた植民地ジェンダー研究において、西洋が被植民地を他者化して文明／

野蛮という差異を構築するさいにインターセクショナリティが不可欠の構成要素だったことが明らかにされているが、これについては第10講で考察してみたい。

2　ジェンダー史と構築主義歴史学

ジェンダー概念は言語論的転回を推進

一九八〇年代には、史料に依拠して客観的事実に到達するという歴史学研究の基本認識、すなわち史料操作の的確性と「客観的事実」の存在を二つとも幻想として退ける、歴史学の「言語論的転回」が生じた。ある歴史的事象が記述される段階ですでに取捨選択が働き、記述者の立場が関係してくるため、史料の客観性は前提とはならず、また「事実」は所与のものではなく、言語による記述によってはじめて「事実」となる、というのである。したがって、すべてのものは言語を通じて構築され、言語によって書かれたものであり、テキストの外に歴史の事実は存在しない。史料は「事実の反映」ではなく、意味を生成するテキスト、ディスクールとみなされ、その意味がいかに構築されたかを解読するためにテキストや表象の分析が行われるのである。

スコットはフランスのポスト構造主義の影響を受け、意味は言語や言説を通じて構築され、伝達されるものと考えていた。「事実認識」から「意味解読」へという、言語論的転回による方法論的転換は、ジェンダーの歴史学の課題と重なっている。したがって本質主義を退けるスコットらのジェンダー史は、言語論的転回以降の構築主義的な歴史学の中心的な推進力となったし、逆に構築主義がジェンダー史を強化することにもなった。構築主義歴史学は、ジェンダー、人種、階級・階層、国民《ネイション》・ナショナリズム研究などを中心に、さまざまな分野の歴史叙述に取り入れられていくようになった。

構築主義批判と「主体」の問題

構築主義は欧米ではある程度浸透したが、批判も多かった。日本では当初、実態を無視した机上の空論、歴史と文学との区別を消去するもの、といった頭ごなしの反発を受けた。「慰安婦」問題をめぐっても、論争が起きた。上野千鶴子は、「慰安婦」の存在は周知の「事実」だったのに「犯罪」としては問題化されていなかったものが、半世紀後に当事者自らが「被害者」として証言して「犯罪」化されたときに、「失われた過去」が「もう一つの現実」として回復された、と主張した。彼女は、言語論的転回を踏まえて、歴史に「事実」も「真実」もない、ただ特定の視角からの問題化による「現実」だけがある、と指摘したのである。これに対して吉見義明は、学問であれば、複数の構成された「現実のうち、どれにより説得力があるか、どれに根拠がないか、ということ、つまり実証性が問われなければならない」と反論した。「事実」の捉え方によって再構成される「現実」があるという構築主義的な歴史把握は、歴史相対主義に陥る危険性がある、と批判されたのである。

実証主義文化が根付いていたイギリスでは、構築主義は女性史研究者たちからも批判された。彼女たちは、構築主義的な把握では、せっかく立ち上げた女性主体の能動的な営為、経験、女性たちを連帯させるアイデンティティや女性たちの集団的役割が否定され、彼女たちがジェンダー化される受け身の存在、すなわち歴史の客体となってしまうと主張した。日本でジェンダーという用語がすでに一般的に浸透していた二〇〇六年に刊行された『イギリス近現代女性史研究入門』は、ジェンダー史の意義を認めつつ、普通の女性たちの生き様を顕在化させることを重視して、あえて女性史と銘打っている。

こうした主体をめぐる議論は日本の歴史学界でも行われ、言語論的転回の影響を受けた国民国家論(第6講参照)やジェンダー史研究では主体が受動的にしか捉えられないと批判された。しかし、この「主体の簒奪」という問題に関しては、構築主義歴史学もジェンダー史も主体の復権をめざす研究を行ってきた。ジェンダー史は統一的な集団的アイデンティティは拒否したけれども、主体やアイデンティティの存在そのものは否定せず、これらを可変的で多様なものと捉えている。ジェンダー史は、社会的諸関係のなかに存在する主体、歴史的文脈によってさまざまにジェンダー化された主体やアイデンティティを問題にし、主体の体験も考察に含めながら、その歴史形成との関わりを読み取っていく。

歴史の行方は人びとが現実をどう受けとめ、どう解釈するのかと密接に関わっている。認識や解釈の仕方次第で行動や対応も変化し、それがまたあらたな現実を作っていくからである。すなわち人びとは歴史を推進する主体であるが、その認識や解釈は真空地帯で行われるのではなく、社会的・文化的な刻印、たとえばジェンダーに関する規範や文化の刻印を受けているため、認識主体は言語以前の自存的なものではありえず、ジェンダー的存在として認識する。こうした認識が人びとのジェンダーに関する語りや実践、経験につながり、日常生活のさまざまな局面のなかでジェンダーやジェンダーアイデンティティが重ねて構築される。普通の女性たちは自分たちが身をおくジェンダー化のプロセスのなかで、ジェンダーの構築に参加したり、再生産したり、適応したり、その意味をずらしたり、抵抗したりしている。その意味で、彼女たちは必ずしも受け身的な存在ではなく、主体として歴史過程に働きかけ、その構造化や秩序化に参加しているのである。

言語論的転回で簒奪された主体の構築主義による復権の例としては、語りという行為が自己の主体性を構築する契機となっていることが挙げられる。たとえば一八世紀イギリスで公的救貧を申請した慈善の受け手であった貧民の語りである。貧民が救貧当局に提出した手紙の分析によって、貧民たちが救貧受給にふさわしい「弱者」としてのスクリプト（台本）にそって、それをパフォーマンスし、「自己を貧民」として構築していたことが明らかにされている。貧民たちは構造的制約を受けながらも、ただ客体としてそれに拘束されるだけではなく、相対的に自立した主体として登場した。貧民たちは、「エイジェンシー」（制約的な条件のもとで行使される能動性）としての言説実践によって、自らを「貧民」として構築し、また「貧民としての実践」を構築していたのである。

日本でのジェンダー史研究の成果としての女帝研究

日本では一九九四〜九五年の『ジェンダーの日本史』全二巻の刊行に見られるように、この時代からタイトルにジェンダーを冠する歴史研究書が出版されるようになり、日本史にジェンダー史ないしジェンダー視点からの研究が浸透していった。

その成果の一端として紹介したいのが、義江明子らの女帝研究である。現在の皇室典範では天皇は男性に限定されているが、その理由として天皇は一貫して男系で継承され女系天皇は存在しなかったことが挙げられている。たしかに女性天皇は古代の六〜八世紀に八代六人（同時期の男性天皇の人数と大差はない）、近世に二人存在したが、いずれも直系を継ぐべき男子が未成年ないし不在時に一時的に緊急避難の意味で即位した中継ぎだったというのである。この中継ぎ説を根拠に「万世一系」論が語られ、男系男子による継承が「日本古来の伝統」とされているのである。

しかし、ジェンダー史研究は中継ぎ説に批判的である。女帝は中継ぎ説で主張されたように皇后だったから即位したわけではなく、六世紀の世襲王権成立後の即位条件である血統、執政能力、人格・資質にふさわしい人物だからであった。また七世紀末の中国由来の律令制の成立以前には日本社会の親族構造は父系ではなく双系で継承されていたため、女性による即位が可能だったのである。

義江によると、『古事記』の記述では天皇の子どもは男女で区別されておらず、同母グループとしてまとめられていて、父方・母方双方の血統が重視されていた。この双系制が女帝の即位を可能にした基本要因の一つと考えられている。天智天皇と天武天皇は、舒明天皇を父とし、彼の没後に即位した妻で皇族出身の皇極天皇（のちに斉明天皇として再即位）を母とするが、双系制の日本では天智・天武両天皇がこの父か母、いずれの血統を継承するとみなされたか、断言はできないという。また傍系の即位のさいには、父方だけではなく、母方を通じた天皇とのつながりも重視された。ところが中国をモデルとして漢文で書かれた『日本書紀』の時期には以前とは異なるジェンダー秩序が出現していて、皇子と皇女が区別されている。律令制の導入によって戸籍で男女が区別して把握され、戸主・納税者・官人は男性と定められたのである。

日本の古代史学界では、一九六〇年代に登場した中継ぎ説が長らく主流を占めてきた。そして男性研究者によるジェンダーバイアスにもとづく研究が人口に膾炙し、「万世一系」説を支えてきたのである。「日本古来の伝統」を構築してきた歴史研究者の責任は大きい。しかし、皇位の男系継承を主張する勢力が強い現状では、その存続に好都合な中継ぎ説を覆すのは容易ではない。

第4講
歴史叙述とジェンダー

天皇臨席の下，男性議員のみによって開催された大日本帝国議会
(1890年)

第3講までは、主として史学史の観点から、世界と日本での女性史研究の始まりからジェンダー史による刷新までを見てきた。新しい女性史やジェンダー史は、従来の男性中心の「一般史」の書き換えを目指し、またそうした一般史を支えてきた歴史学の知のあり方そのものを問い直そうとした。では、今日の一般史は、そうした問題意識をどう受けとめているのだろうか。本講では、その実践例をいくつか取りあげて考えてみたい。

1　歴史教育とジェンダー

「歴史総合」導入以前の高等学校歴史教科書とジェンダー

日本の高等学校の歴史教科書は、先史時代から現代にいたる歴史の流れを学び、歴史認識を身につける入口として、多くの人の歴史像の形成に影響を与えてきた。教科書で学んだ歴史を、「正史」と捉えている人も多かった。しかし、多様性の重視や西洋中心史観への批判といった世界認識の変化を反映して、歴史教科書には時代の経過とともに新しい内容が加わり、学ぶ事柄が増えていった。では、この間に膨大な研究成果を蓄積してきた女性史・ジェンダー史研究の進展は教科書に反映されているのだろうか。

二〇〇九年に開催され、私も主催者の一人であった日本学術会議「歴史学とジェンダー」分科会による公開シンポジウム「歴史教育とジェンダー」は、歴史教育をジェンダーの視点から見直す契機となった。そのさいに高等学校の歴史教科書を分析してみると、以前にはなかった女性・ジェンダーを意識した執筆姿勢がみられるものもあった。たとえば、フランス革命の「人権宣言」(一七八九年)に関する項目である。教科書に引用されている「人間の自由かつ権利における平等」という「人権宣言」の文言を読んだ生徒たちの圧倒的多数は、この「人間」が誰を意味するのかまでは考えないだろう。実際には、ここで言及される人間とは男性市民のみ、しかも「人権宣言」の採択当時は有産者の男性のみをさし、女性や無産者は含まれていなかった。かつては、まったく注目されなかったこの事実が、二〇〇九年段階では、まだ半分以下の教科書にとどまっているとはいえ、言及されるようになっていたのである。

ただし、人権はそのじつ男権だと批判し、「女権宣言」を著わしたオランプ・ドゥ・グージュ(一七四八〜九三)の名前が山川出版社の『世界史用語集』に追加されたのは、ようやく二〇一八年のことであった。女性参政権に触れている教科書は多いので、「人権宣言」が近代の市民権の出発点であると同時に女性排除の出発点でもあったことを明らかにするのは重要である。とはいえ、全体的にはジェンダー関連の記述やジェンダーへの配慮は非常に少なく、全時代のさまざまな地域での女性と社会との関わり、またそれに家族や宗教がどう関連しているのかに触れているアメリカの教科書と較べると、顕著な違いがあった。アメリカでは一九八〇年代までの世界史は西洋文明史だったが、その後、多元的視座の世界史教育の実践によって、記述内容は抜本的に変化したのである。

日本の歴史教科書に関してもう一つ指摘しておきたいことは、フランス革命時の「人間」にも通じることだが、女性が含まれている場合も、排除されている場合も、それを意識することなく「個人」「民衆」といった言葉が用いられていることである。女性が排除されている場合には、そのような表現は男性の経験を普遍化していることになる。この点は、新しい女性史が声を大にして指摘していた事柄である(第2講参照)。たとえば、一九世紀のヨーロッパ諸国において、あるいは一九二五年の日本の選挙法制定において、一定年齢以上の男性全員に選挙権が与えられたことは、多くの教科書で「普通選挙」と記されていたが、「男性普通選挙」である。「男性」が付与されることによって、女性排除について気づき、「平等」や「女性参政権運動」の意味について考えることができるのである。ただし、次に述べる「歴史総合」では、改善されて、「男性普通選挙」と記されている。

二〇二一年以前の日本の歴史教科書では、テーマ設定型と、通史叙述型の二通りの執筆様式があった。近現代中心のカリキュラムである「日本史A」「世界史A」と大きな枠組みのなかで歴史の流れを学ぶ「日本史B」「世界史B」では、Aにテーマ設定型が多く、通史型のBよりもジェンダーへの配慮が見られた。通史型では出来事を網羅的に伝える知識習得型の叙述形式が中心であり、歴史的事件や人物の描き方もオーソドックスなので、ジェンダー関係の記述が登場する余地は少なかった。受験に拘束されずに歴史への興味をもたせようとするAの方では、テーマ設定の幅が広くなり、たとえば「憲法と女性」という特設ページが設けられたり、「家族制度と女性」や「制服と女性」についてまとめたり、一ページ大のコラムでユニークなテーマである「女髪結い」の他、労働・教育・女性運動関連などの女性史を扱って掘り下げた考察をするなど、ジェンダーに言及する機会が広がっていた。

アメリカの教科書もテーマ設定型で、しかも教科書全体の視点が明確で目的志向的な色彩が強い。民族や宗教の多様性や多文化、その相互交流や経験を描き、社会史にも多くのページを割いているため、ジェンダーの視点も当然のこととして重要な位置を占め、女性史・ジェンダー史の研究成果が積極的に取り入れられたのである。

「歴史総合」とジェンダー

二〇二二年度からは、日本史と世界史を統合して学ぶ必修科目「歴史総合」が導入され、一八世紀末のアメリカおよびフランスの市民革命(一七世紀のイギリス革命を含めている教科書もある)から二〇世紀初頭までの「近代化」、一九一四年の第一次世界大戦の開始から第二次世界大戦終戦までの「国際秩序の変化と大衆化」、戦後から現在までの「グローバル化」の三つの時代に区分された近現代史を、現代の課題と結びつけながら学ぶことになった。二〇一八年度発表の学習指導要領では、民族、宗教、社会、文化の多様性の理解が重視されているため、明示されてはいないが、多様性の一つとして女性と男性の歩んだ歴史の相違も焦点になっている。これの間に歴史教育関係者からジェンダー視点導入の必要性が強調されたこともあって、歴史総合の教科書は従来のそれと比較して意識的に女性に言及しようとしているし、女性・ジェンダー(ジェンダーという用語が登場するのは一二種類の教科書のうち六にとどまる)に関する記述も増えている。とはいえ、これはあまりにも少なかった前教科書と比較してのことであり、全体的にみて記述項目は決して十分とはいえない。

記述項目としては、すべての教科書に掲載されているのは女性参政権、ついで多いのは上述のフランス革命期の人権の捉え方と女性排除、産業革命期の女性労働であり、さらに近代家族（第5講参照）、女性の労働力動員や「慰安婦」まで含めた戦争、大衆社会の職業婦人とモダンガールといったテーマが続く。また教育、身体、スポーツも取りあげられており、少数だが性売買やLGBTに言及した教科書もある。他方で近代化、大衆化の時代に較べてグローバル化の時代の部分では国際関係や政治・経済史の比重が強まり、社会への言及が少なくなって女性や女性運動に関する記述も減っている。残念ながら、第二波フェミニズムに関する記述も戦前の第一波より手薄であり、多様化社会の形成と男性中心の政治・経済構造や社会秩序の転換に向けてフェミニズムの果たした役割が伝わってこない。

歴史総合の特色は、従来のように教科書の記述から歴史の流れや知識を学習するだけではなく、大量の図像・写真や文書資料から時代像や社会像を読み取り、問いを重視することで自ら考えるという、主体的で対話的な歴史との向き合い方を目指していることである。ジェンダーに関しての問いや資料は多くはないが、たとえば先述のフランス革命に関連して「市民とはどのような人びとか」と問われていることは女性排除を考える上で重要である。

図像や写真は、時代のジェンダー像が浮かびあがり、生徒の興味を高め、現代的課題と関係させながら歴史上のジェンダーについて考える契機を与えてくれるなど、とりわけ有効に作用

図2　糸紡ぎの作業の変化

している。たとえば「大日本帝国議会之図」(本講扉参照)などを見ると、一九世紀や二〇世紀初頭の政治決定の場には男性しかおらず、政治が男性に独占されていたことが明々白々になる。以前の教科書では使われていなかったポスターも掲載されていて、総力戦となった第一次・第二次世界大戦での銃後の生産労働などで、女性に何が求められていたか明らかになる。伝統的な糸紡ぎと紡績機による糸紡ぎの二枚の図像(図2)の比較は、「糸紡ぎの作業の変化」について問うているが、この図像からは担い手のジェンダーについても浮かびあがってくる。そのことについて理解させるには、糸紡ぎが伝統的に女性労働だったことと、機械化によって男性も紡績労働に参加するようになったというジェンダーに関する知識が教師に要請される。

これまでの女性史・ジェンダー史研究を踏まえて教科書で言及してほしいのは、家族と市民を自然で不変なものとして捉えるのではなく、近代化の出発点で「家族」と「市民」の概念があらたに作られたことである。この両者がメダルの裏表として結びつくことによって、近代社会に固有の性別二元的な社会秩序(＝公私二元的ジェンダー秩序、第6講参照)が形成され、男性と女性が異なる歴史を歩むことになったのである。こうした認識があってはじめて、大衆社会の到来によって女性参政権運動や女子教育の改善、女性の社会進出などが推進され、近代のジェンダー秩序の見直しがはじまり、さらに一九七〇年代以降は性別役割分担の廃棄やジェンダー主流化、ＬＧＢＴの可視化など、その解体への動きが起きる、という時代によるジェンダー像の変容の意味合いも理解できるのである。

歴史総合の教科書のなかには、記述と資料と問いの三つの要素をうまく組み合わせながら、生徒が上記の性別二元的な社会秩序の形成について考えたり、この秩序の変化が直線的にではなく、さまざまな歴史的局面で紆余曲折を経ながら進んでいく様相を理解できるものも存在する。しかし、せっかく近代家族の形成とフランス革命時の女性の市民権からの排除について言及されているにもかかわらず、両者が個別に取りあげられているものが多く、生徒がこの二つの関連を理解することは難しい。そのため、もともと差別や抑圧を受けていた女性が時代の経過とともに権利を獲得するという形の把握に陥りがちであり、実際、この観点から書かれたり、問いが出されたりしている教科書も存在する。

2 ジェンダー視点は歴史叙述を変えたか

岩波歴史講座とジェンダー

岩波書店の歴史講座は、研究の最前線を広い読者に届けることを目的とし、歴史の見方を示すうえで大きな影響力を与えている。一九九〇年代前半に刊行された『岩波講座　日本通史』では、「家と女性」については各時代に一項目以上を立て、時代間の構造的変化の過程をたどることができるように努めるという編集方針に見られるように、女性史・ジェンダー史への配慮がなされるようになった。またタイトルに明示されていなくても、女性に関する記述を含む論文も見られるようになった。しかし、各巻の最初におかれている「通史」では女性に関する記述は極端に少なく、政治史や経済史を中心とする通史とジェンダー史との折り合いの悪さが示されることになった。

一方、二〇一〇年代に刊行された『岩波講座　日本歴史』では、家、家族、性、女性・ジェンダー関係の論文は計七本で、二〇〇を超える全タイトルの三％強にすぎず、ジェンダー史研究の進展にもかかわらず、『日本通史』より少しだけだが減少しているのである。『日本歴史』はオーソドックスなテーマを立て、政治体制を中心に、それを支えた経済・社会構造や宗教・文化について考察するという方針を立てているため、ジェンダー史が注目される余地はほとんどない。また女性の取りあげ方は、二つの講座ともに「ある時代・文化をどう生きたか」といった、全体のごく一部、部分史としてプログラミングされていて、歴史の主な流れから孤立した扱いとなっている。これでは、男女の活動領域の違いは、どのような社会的・文化的背景のもとで、いかにして成立し、そこにどのような意味が与えられ、その背後にあった権力関係がいかなるもので、どのような役割を果たしたか、ということは明らかにならない。

一九九〇年代後半から二〇〇〇年にかけて刊行された『岩波講座　世界歴史』ではトピックが数多く盛り込まれ、「新たな研究上の視角と手法」を取り入れる編集方針に則して、女性史・ジェンダー史が意識的に取りあげられている。しかし、ほとんどの論文が啓蒙期以降の西洋に集中していて、イスラーム世界やアジアのジェンダー史は入っていない。また、そうした論文の掲載箇所は各巻の「境域と局所」「論点と焦点」と銘打たれたパートである。個別の地域やテーマを扱う部分であり、通史にあたる冒頭の「構造と展開」で女性・ジェンダーに触れている巻は皆無ではないが、きわめて稀である。

一方、二〇二一年に刊行がはじまった新たな『世界歴史』では、ジェンダーや文化の視点、マイノリティへのまなざしを大切にすることが唱えられており、その指針にしたがって、女性・ジェンダー関係の論文収録は全二四巻中一七巻にのぼり、地域も時代も多岐にわたるなど、明らかに重点課題の一つになっている。主に「焦点」というパートでトピックとして取りあげられてはいるが、以前のように女性を孤立して扱うのではなく、歴史の行方にジェンダーはどう関連しているかという文脈で考察されているものが多い。通史的な「展望」や、「問題群」のパートではジェンダーが入る余地は限定されているが、それでもこの新『世界歴史』では、ジェンダーないしジェンダー視点を含めることによって、従来よりも豊かな歴史の全体像を示してくれている。

女性史・ジェンダー史は、つねに歴史全体の書き換えを目指してきた。そのさいジェンダー史はジェンダーが社会の編成原理として作用していること、市民社会、機械制工場生産、国民国家、近代家族に象徴される近代社会ではとくにその傾向が強いことを指摘してきた。私の専門のドイツ史の書物のなかには、ジェンダー史として書かれたものでなくても、シティズンシップ、ナショナリズム、軍隊、宗教などを取りあげるなかで、構造をつくりだす力として、また歴史の推進要因としてジェンダーを重視し、それらの歴史とジェンダーとの関わりを叙述のなかに含めるものが増えている。

グローバル経済史の例

通史とジェンダー史の折り合いの悪さについてはすでに指摘したが、グローバル経済史ではとりわけその傾向が強い。日本で代表的なグローバル経済史の入門的な通史では、国家など、時の政治権力の統治形態と関連した経済活動や経済政策、グローバルに活動する経済組織、金融システム、生産体制の変化、技術転換などが叙述の中心となり、ジェンダーの作用が直接には見えにくい。マクロな経済変動の背後で、その規定要因となったり相互に関連しあっている家族や婚姻のあり方、ジェンダー関係、労働・文化・生活様式、地域共同体などは、水面下に隠れてしまっている。その結果、グローバルな経済システムや経済活動それ自体は、残念ながら一般的に「ジェンダーに無関係」と捉えられて叙述されているし、執筆者にもジェンダーを排除しているという意識はないのが現状である。

ただし、二一世紀になってグローバルヒストリーの視点からの歴史研究が盛んになり、最近ではジェンダー視点導入の必要性が説かれ、ジェンダー視点からのグローバリゼーションやグローバル経済史も研究されるようになっている。二〇〇一年出版の伊豫谷登士翁編『経済のグローバリゼーションとジェンダー』には、グローバル資本に組み込まれた開発途上国の輸出生産のために労働集約的な非熟練労働を行う若年女性労働力の問題、つまり「労働力の女性化」や、過去には看護師、現在は介護・家事労働力として他国に送り出される女性たちが国家の経済戦略のために「典型的な女性職」での労働を担い、移民の女性化や性別イデオロギーのグローバル化の推進要因となっていることが記されている。

さらにタイトルにあるように『グローバル経済史にジェンダー視点を接続する』ことをめざして二〇二〇年に浅田進史らが編著者となって刊行された書物には、たとえば植民地史の文脈で、家族や地域共同体を基盤とする伝統的生存経済と、農村での換金作物の栽培や鉱産物の採掘を要請する植民地権力との遭遇によってジェンダー関係や伝統的慣習・秩序、生存経済が変化していく様子や、イギリスの伝統的価値観から害悪視されたインド産の綿布(キャラコ)が、産業革命による綿布国産化によってイギリス的な「先進性」を象徴するモノとなり、それが工業化を推進する男性的なイギリスと後進的な女性的インドというジェンダー的価値観と交錯して、イギリスのインドに対する優越意識と結びついていたこと、などが記されている。

アメリカの歴史家リン・ハントはグローバル化の考察方法として、経済優先、とりわけマクロ経済的な視座を重視するトップダウン型と、多様な場所の歴史の接続と相互依存を重視するボトムアップ型の二つを区分している。彼女は後者を、グローバリゼーション・パラダイムの根本的な形での見直しを可能にするものと位置づけ、交易の場合でも、嗜好の変化、個人的交流、家族の紐帯、識字率、宗教的感覚など、他の要因が経済的取引を可能にしている、と指摘する。

先に挙げた例は最近の日本のグローバル経済史研究のごく一部にすぎないが、それらに共通しているのは、女性史・ジェンダー史が重視してきた家族や日常生活、女らしさ／男らしさなどと密接に関連させながら、グローバル化がもたらした異なる世界の遭遇による相互影響について考察していることである。まさに、ハントのいうボトムアップの視座から書かれたものであり、この視座こそグローバル経済史へのジェンダー視点の導入を可能にするものである。マクロな経済だけではなく、その背後にある経済社会的あるいは経済文化的要因に着目してグローバル経済史を考察することが必要になる。

歴史と歴史叙述の多様性

私はトップダウン型の研究の存在を否定するわけではないし、その研究意義も認めている。

問題は、それが通史、あるいはしばしば「正史」となり、ボトムアップ型の研究が補完の役割に甘んじてしまうことである。グローバル経済史の場合に限らず、政治史・経済史中心の通史は「正史」ではなく、ある見方からの歴史であり、多様な歴史叙述の一つにすぎない。一つの「正史」があるという見解は、もはや成り立たないのである。

ジェンダー史もある見方からの歴史の一つである。ジェンダー視点から歴史を見れば、従来の歴史学に見られたジェンダーバイアスが浮き彫りになり、これまでとは異なる歴史風景や歴史像が見えてくるようになる。ジェンダー史は、政治や経済など「ジェンダーに無関係」、「中立」と捉えられてきた分野でも、ジェンダーが関係していることを指摘してきた。多様な歴史の見方の一つとはいえ、限られた分野だけでジェンダーを孤立して扱うのではなく、あらゆる歴史領域にジェンダー視点を導入して歴史を読み解き、歴史全体の書き換えを目指していくことが求められている。またジェンダー史にも、ジェンダー以外の歴史の動きとの連動を強め、もっと歴史全体に開いていくような形の歴史叙述や、ジェンダーの視点を導入した歴史像の変化を具体的に示していく必要性がある。

第5講
家族を歴史化する

近代家族の模範とされたヴィクトリア女王一家(1846年)

伝統的な歴史学では、家族は「私領域」として研究の対象にならなかった。しかし、これまでも述べてきたように女性史・ジェンダー史にとって家族は、政治や経済の行方にも影響を及ぼす重要な領域であり、それゆえ中心的なテーマの一つである。家族と政治・経済・社会との関連については、第6講以降で扱うので、本講では、ヨーロッパを中心とする家族そのものの歴史的変化と家族の多様性について取りあげる。

1　家族に関する神話の崩壊と家族の歴史化

近代家族論の登場

情愛によって結ばれる血縁家族は、家族の自然な姿、つまり文化や社会の違いを超えて人類社会に普遍的に存在する超歴史的なものというイメージが定着していたし、今でもそう考える人は多い。しかし、半世紀ほど前から人びとの感じ方や考え方、行動様式、人生観、つまり心性(マンタリテ)という観点から家族成員間の結びつきのあり方に注目する歴史研究が次々に登場するようになり、家族に関するわれわれの「常識」は揺らいでいった。家族は、歴史化されたのである。その牽引者となったのが、フランスのアナール派社会史だった。

家族の集団としての閉鎖性や情愛が誕生するのは、かつて人びとが属していた都市や農村の共同体の影響が衰退し、プライバシー尊重の気運が高まって情愛的個人主義という文化が強くなってからである(ローレンス・ストーン)。その時期はもっとも早いイギリスで一七世紀後半以降のことで、西ヨーロッパ諸国を含めて一八〇〇年前後にかけて変化が起こり、家族は他の集団とは区別される閉鎖性と親密性を獲得した。結婚相手の選択や結婚生活での「愛」の価値が高まり、後述する伝統社会の家族が有していた経済的・実用的要素は、少なくとも言説レベルでは後景に退いていく。子どもが慈しまれる存在になるのも同時期で、文献史料とともに絵画や墓碑銘など数多くの図像史料を用いて子ども観の変遷を研究したフィリップ・アリエスによれば、近代以前には子どもは七歳くらいから「小さな大人」として認識され、成人の共同体のなかに入って、ともに遊び、働き、学んでいた。子どもに愛情が注がれ、家族空間の中心に子どもが存在するようになり、大人と区別される独自な発達段階としての「子ども期」が誕生したのは、子ども服や子ども用の玩具が出現しはじめた近世後期以降のことだったのである。

本能だと考えられていた母性愛も歴史の産物だった。エドワード・ショーターは、工業化による市場経済の登場と共同体による束縛の衰退によって個人主義や愛情という心性が生まれ、ロマンティック・ラブや、生活水準の向上による母性愛、さらに家庭愛が出現した、と指摘した。実際、乳幼児死亡率が高かった一八世紀半ば頃までは、子どもが死んでも親はそれほど嘆き悲しまなかった。また貴族や都市住民の母親は乳児の世話を他人に委ねることが多く、裕福な人びとは乳母を雇い、生計維持のための労働で忙しい職人層は農村に里子に出した。農村では母親が授乳したが、乳児は大人の労働の邪魔にならないように、また身体が曲がらないようにとの配慮から、帯状の布で両手両足を伸ばしたままぐるぐる巻きにするスウォッドリングをされていた。里子の死亡率は高かったが、それでも都市住民は生活の糧を得る必要性から乳児を農村に送ったのである。捨て子も多く、大都市には養育院が設けられていた。

一八世紀半ばの啓蒙時代になると、あらたな育児観が登場した。啓蒙主義者たちは、他人にまかせっぱなしの子どもの養育に両親自ら携わるべきと説くようになる。スウォッドリングは、子どもを束縛する元凶だと批判された。彼らは、育児の価値を引き上げ、子どもに対する両親の道徳的な義務と責任を喚起した。母乳育児の推奨は、その一例である。ルソーは母親と子どもとの身体的接触によって愛情の絆による結びつきが強まると考え、子どものために献身し、どんな犠牲もいとわない母親像を描きだした。イデオロギーとしての母性愛の誕生である。

一九七〇年代を中心に行われた家族に関する歴史研究によって、われわれが思い描くような夫婦や親子が強い情愛で結ばれた私的で閉鎖的で親密な、そして性別役割分担によって女性がケアを担当する家族は、まだ二五〇年あまりの歴史しかもたないことが明らかになった。これを「近代家族」という。

近代家族論と新しい女性史研究

近代家族論の登場以前にも家族史研究はわずかながら存在したが、家族を単位とした研究がなされても、家族内の関係性には、あまり注目が払われなかった。母性の歴史性や子どもの誕生を指摘した近代家族論は、家族内での成員どうしの関係やそれぞれの居場所や役割を重視し、家族史研究への女性・ジェンダー視点の導入を容易にした。折しも同じ時期に欧米でフェミニズム的な新しい女性史が誕生したことが相乗効果となり、家族史研究への女性の視点の導入が活発になり、家族史のフェミニズム的な読み方も示された。

ドイツ女性史研究の黎明期の一九七〇年代末に、バーバラ・ドゥーデンとギゼラ・ボックは、一八世紀末までの家経済の時代には公私が未分離なため生産労働と消費は完全には区別できず、したがって、われわれがイメージするような家事労働は存在しようがなかったことを明らかにした。私領域である家庭で妻が夫や子どものケアをする、という意味での家事労働やその概念は、家族が生産の場ではなくなることによって、はじめて誕生したのである。そしてドゥーデンらは、家事労働が長年、労働の範疇に含められず、就業労働だけが労働とみなされてきたのは、前者が「愛の行為」ゆえに無償であり、対価も「愛で受けとる」とされたからだ、と指摘した。家事・育児に専念し、かいがいしく夫や子どものケアをするという、われわれがイメージする主婦像は、近代になって生産の場と消費の場が分離したからこそ登場したのである。

母性愛に関しては、これを肯定的に捉えるショーターら近代主義者とは異なり、フランスのフェミニストのエリザベート・バダンテールは、「女性は家庭」という性別役割分担の要因となった母性愛本能説に終止符を打つために、母親の子どもへの接し方や母性観の歴史を読み解いていった。さらに夫による支配と妻の従属を基本とする伝統社会の桎梏と対比して近代の解放を称賛するショーターの説は、農村社会での男女の役割とそれぞれの持場、男女関係、とりわけ夫婦関係に注目したマルチーヌ・セガレーヌらの研究によって、実証的に批判された。男性は主に鋤や犂を使った農耕労働に従事し、女性は竈を守り、水くみ、料理、家の維持・管理、自家消費用の糸紡ぎと機織り、菜園、養禽、余剰生産物の市場での販売を担当するという役割分担が存在したが、男女が共同で従事する労働もあり、男女の労働と役割は相互補完的で連帯的で密接につながりあっている。したがって、権威をもっている男性に女性が従属しているわけではなく、積極的に農業労働に携わっていた女性の地位は都市のミドルクラスの主婦より、はるかに高かった、というのである。

家族の多様性と近代家族の規範性

本講で扱える家族は時代・地域ともにきわめて限定されたものにすぎないが、ジェンダー研究は、さまざまな時代・地域の家族を取りあげ、家族の範囲、規模、形態、成員間の関係などが非常に多様であること、また同じ時代・地域であっても、階層によって大きな違いがあることを明らかにしてきた。家族形成に影響を与える要因は実にさまざまだが、代表的なものとしては、生産様式、社会制度、親族構造、宗教などが挙げられる。そして、それぞれの家族によって、その基礎となるジェンダー把握も多様であり、特定の家族形成に好都合なジェンダー構築が行われる側面もあった。

近代家族は、近代に固有の、それも西洋に起源をもつ家族のあり方である。それでも、西洋に限らず世界の多くの地域で、近代家族こそ「家族の本来の姿」という幻想を与えうるだけの規範としての力をもっていた。それは同時に、西洋文明の「優位性」の指標の一つであった。

それゆえ西洋文明を取り入れて世界各地で近代化が推進される過程で、近代家族は重要な位置を占め、女子教育の普及もこれに関連していた。日本での良妻賢母思想の形成、韓国への日本経由あるいは西洋女性宣教師による賢母良妻思想の伝搬、また一九世紀後半の列強による海外進出の過程では、近代家族は「文明化」の手段の一つとして喧伝された。イスラーム圏でも、近代的な社会改革の過程で近代家族はあるべき家族のモデルとしての役割を担い、オスマン帝国では一九一七年の新しい家族法によって一夫多妻制が実質的に禁止された。清末から伝統的家族制度への批判が繰り返されるようになった中国では、一九一〇年代に起こった儒教批判や西洋化を主張する五四新文化運動の時期に、西洋の近代家族モデルに倣った、愛にもとづく結婚および夫婦と子どもを中心とする「小家庭」が提唱された。小家庭は都市の中間層では見られるようになったが、そのための社会的・経済的条件は整っておらず、伝統による規定要因も根強かった農村には浸透しなかった。

2　伝統社会における家

経営体としての家族＝家

近代家族論が登場した一九七〇年代に、近代以前の身分制社会の家族に関する研究も静かに進行していった。近代家族論を形成した心性研究とは視角の違う家族の捉え方、つまり家族の果たしていた機能や役割に注目する研究で、近代家族とは異なる伝統社会の家族の姿を浮かびあがらせた。

家族という用語ははるか昔から存在していたと考えがちだが、実はその歴史は比較的浅い。しかも、この言葉に込められた意味も、時代によって異なっていた。たとえばドイツ語の家族Familieという言葉はラテン語のファミリアFamiliaに由来し、フランス語を経由して一八世紀への転換期にドイツ語に浸透した。ファミリアは家共同体員を意味し、奉公人や家内奴隷も含めて一つの家に暮らす人びと全体を指していた。ドイツ語にはもともと家Hausという言葉が存在し、建物と同時に家父長を中心とする労働および生活共同体を意味していた。家族Familieという言葉は、ラテン語のファミリアと同様に、そこに住む人びとという意味で用いられた。したがって家族には、家共同体に暮らす夫婦と子どもだけではなく、家に同居する奉公人も含まれていた。ちなみに裕福な家には生産手段に乏しい他の家族の一定年齢に達した子どもたちが奉公人として生活を共にし、家族の成員として家の経済活動に参加していた。

住民の大多数が農民か、手工業者や商人だった工業化以前の社会では、経営体である家族＝

家を中心に経済活動が営まれていた。したがって家族は、消費共同体であると同時に生産の単位であった。この家族＝家は、一、構成員は家父・家母・子ども・奉公人、二、家計と経営の一体化、三、家父長による他の成員の支配、四、政治世界の基礎単位、という特徴をもっていた。一家の主である家父は、生産労働と家の経営に携わった。家母である主婦は、生産労働や夫の経営の補助、菜園や家畜の世話をするとともに、糸紡ぎや機織り、蠟燭作り、料理、洗濯、食糧の貯蔵など消費領域を管轄した。限られた季節にしか収穫できない食糧を、家族が年間を通じて食べられるように貯蔵・分配するのは、生産に匹敵する重要な労働だった。その意味で、生産と消費は明確には分離していなかったのである。もちろん公私は未分離の状態であった。奉公人と同様に子どもにも家での労働義務があり、家長の権限に服していたので、子どもと奉公人が同列に扱われることもあった。ただし、相続権があるのは子どもだけだった。

身分制社会の家族＝家は、経済活動と同時に、子どもの出産・養育・教育という機能も果たしていた。またドイツの啓蒙専制国家では、家族は政治や行政の目的と結びついた国家の末端の構成要素であり、一つの公的秩序を形成してもいた。国家は家族生活の内部に介入し、家族内での人間関係や服装など、日常関係の細部にいたるまで厳しく規制した。また家が所属していた農村や都市の共同体も、夫婦関係や家族内のトラブル、結婚相手の選択、性と生殖など、日常生活のさまざまな側面で干渉した。ここが、国家や社会という公領域の対極にある親密な私領域とみなされた近代家族と決定的に異なる点である。個々人は家のなかに統合され、家長が外界に対して家を代表した。ただし、家長である夫が死亡して子どもが低年齢だった場合、寡婦が家長となった。夫と妻の間には役割分担が存在し、家父長制は貫徹していたが、男性か女性かという生物学的な性ですべてが決定されるのではなく、寡婦には権限が認められ、妻は経営補助、生産労働、消費の管轄など、一家の生活を成り立たせるために不可欠な役割を担っていた。

一八世紀末になると、家長が官吏など家以外の場で職業をもつようになり、経営体としての性格を失う家族が増えてきた。生産活動と切り離された家族は私的な性格をもちはじめ、夫婦と子どもという家族成員間で情緒的な結びつきが生まれ、居住空間をともにする同一世帯内の他のメンバーとの間に一線を画すようになった。すなわち、この時期には家族概念の定義でも変化が見られ、従来は家族成員のなかに含まれていた奉公人が、夫婦と子どもという血縁家族とは意識的に区別されるようになった。家と家族が分離し、奉公人は家の成員で同居人ではあっても、家族成員とは別の範疇に入れられるようになったのである。こうして、夫婦と子どもからなる近代家族が成立した。

3　近代家族論の精緻化

近代家族は近代市民家族

ヨーロッパにおける近代家族の形成の時期は、地域と階層によって大きく異なっていた。いち早く近代家族を形成したのは、都市で一八世紀後半以降の啓蒙の時代に著しく増加した官吏、医師、大学教授、弁護士、牧師、作家や芸術家などの教養市民層（専門化集団）と、通商の活発化と工業化によって台頭してきた経済ブルジョワジーという上層の市民層だった。この時期、彼らはまだ政治的発言権を持っていなかったが、生まれによって運命が決定される身分制や貴族の特権を批判し、自分自身の能力や業績によって評価される社会の誕生を望んでいた。彼らは啓蒙主義の積極的な担い手となって文芸の世界での発言力を強め、支配層である貴族に対抗して独自の生活様式や価値観を形成していった。

これらの市民層は、贅沢で享楽・官能にふけり、退廃・堕落してお世辞や偽りが横行するとみなした貴族の宮廷社会を批判し、彼らと自らを差異化して人格や徳の形成に努め、道徳性を重視し、質素で勤勉、慎み深く、家族への愛情にあふれた率直・誠実な生活を実践しようとした。女性には、とりわけ純潔が要求された。家族生活はこうした市民的道徳の実践の舞台となり、公領域とは区別される親密でプライベートな近代市民家族が形成されていったのである。彼らが都市に住みながらも、営業権(=市民権)の取得を免除されて都市共同体の規制を受けなかったこと、家族が経営体としての性格を失っていたことも、伝統家族とは異なる、あらたな家族を形成できる前提となった。

近代市民家族の形成は、キリスト教の信仰とも深く結びつき、とりわけイギリスでは道徳性を重視するプロテスタント福音主義の影響が強かった。上流の貴族やジェントリー(貴族やそれに準ずる称号をもたない地主層)とは異なるミドルクラスの男らしさとして、信仰心、労働(=業績)、家庭重視(=家族を治め支える)が尊重され、対する女らしさの要は男性への依存性であった。これはキリスト教的な女性の従属性につながるものであり、敬虔な妻や母として家族への奉仕が求められた。さらに女性の道徳性も、近代家族形成にあたって重視された。性別役割分担にもとづく近代市民家族の形成は、品格ある(リスペクタブルな)市民的価値観、ミドルクラス文化の具現であり、ミドルクラスの形成と不可分に連関しながら進行したのである。

市民層男性の家庭への関わり

第3講で紹介したハウゼンによる両性の対極化論、すなわち自立的で、能動的な男性と、他方における脆弱で、依存的で、受動的な女性という二項対立的な近代的ジェンダー観形成の図式そのものは現在でも基本的に維持されているが、一九八〇年代の社会史や日常生活史研究、九〇年代以降の歴史人類学研究、男性史研究によって、二項対立図式に必ずしも適合しない市民層個々人の生活実態も詳細に明らかにされていった。男女の性特性の対極化や公私の分離は、直線的にではなく、さまざまな紆余曲折を経ながら形成され浸透し、また社会変化とともに、あらたな要素が付け加わっていったのである。

一八世紀末には、市民層の間で男性は職業、女性は家庭という規範は確立していた。しかし、実際には内／外、あるいは公／私という明確な境界線が引けるほど二つの生活世界は分離していなかった。この時期にはまだ市場経済は十分には発達していなかったため、生活に必要な物資の多くを自給に頼らざるをえず、主婦は、家族や頻繁に訪れる客に年間を通じて十分な食べ物を供給できるよう、菜園作りや家禽の飼育、そして自給した食糧品の加工と貯蔵のために娘や家事使用人の手を借りながら一日中忙しく働いていた。他方で専門職や商工業に従事する夫は、自宅を職場にしていたり、家の外にオフィスがあっても執務の一部を自宅で行ったりしていた。昼食は、長時間の休憩をとって自宅で家族と一緒に食べるのが普通だった。それゆえ父親は、家族のために多くの時間を割くことができ、母親とともに積極的に親密圏を作りだしていった。

当時の自叙伝や日記、手紙のなかには、父親の家族への接し方の例が数多く記されている。父親を中心に神への祈りを捧げて一日がはじまり、朝食後に妻やまだ幼い子どもに古典を読み聞かせ、父親が子どもたちに、その日の予定を聞くのを日課としていた家庭。子どもの躾をし、規律、清潔、秩序といった市民的価値観や行動規範を伝達し、子どもの教育に大きな役割を果たしていた父親。そのさい、もちろん息子と娘は区別し、それぞれのジェンダーに則した躾や教育を行っていた。父親は、愛と信頼で結ばれた情愛家族の統率者であり、家族の倫理的、知的な導き手であった。

家族を支え治める男性には強さが求められたが、感性も重視された。この時代には強さと家族思いの優しさが共存し、男性の涙も否定的には捉えられなかった。出張先に送られてきた息子の描いた絵と娘からの手紙に、眼から涙があふれた、と妻に返事を書いた夫。「優しい父親」は一八世紀後半に人気を博した市民演劇のテーマとなり、涙もろい父親が頻繁に登場したのである。しかし、一九世紀の初頭にナポレオン戦争が契機となって祖国防衛が男性全体の問題として捉えられるようになると、涙をながす男性は「男らしくない」とされて姿を消していく。また一九世紀半ばになって商品経済が発達し、自宅と職場の分離が一般化するにつれて、父親の家庭への関わりは薄れ、子どもの教育も母親が担うようになる。

4 近代家族の普遍化と揺らぎ

近代家族の大衆化

一九七〇年代以降、家族史研究とともに、労働運動史や日常生活史研究が盛んになるなかで、下層民やその家族の実態も詳らかになっていった。一九世紀の後半にいたるまで、貧困と隣合わせの生活を余儀なくされ、一家総出で長時間働いて生計を立てていた労働者など下層民は、市民層とはまったく異なる家族生活を送っていた。街頭や市場では、洗濯女や家内労働者、物売り女などのコミュニケーション空間が作られ、男性たちも酒場を中心に情報交換し、下層民は開かれた生活世界のなかで日常生活を送っていた。一九世紀後半以降には、こうした街頭での社交、とくに女性たちの井戸端会議は姿を消すが、工業化によって農村から都市に移住してきた独身労働者が、狭くて不潔で雑然とした住居に下宿人として同居するようになったので、プライバシーの擁護という観念は存在しない「半ば開けっぴろげ」の家族であることは変わりなかった。性は「秘め事」にはなりようがなく、娘たちの婚前交渉は当然視されていて、妊娠が結婚の動機となることが多かった。長時間労働を余儀なくされる妻は家事に無能で無関心であり、家族間の諍いも絶えなかった。

一八七〇年頃から社会改良家や市民的女性団体が、こうした労働者層の「家族崩壊」を問題視するようになり、女性労働者に家事能力や倹約精神など妻としての徳を身につけさせて「良き家庭」が形成できるよう、道徳教育や家政教育を行った。市民層よりも、やや遅れて労働者層の家族生活を調査するようになった労働運動は、家庭の惨状の原因を資本家の搾取に求めて非難の声をあげるとともに、独自の生活改良組織の結成や家政教育にのりだした。

二〇世紀への転換期には、労働時間の短縮や賃金上昇、下宿人の減少などによって、労働者層でも親密な家族生活を送れる基盤が整ってきた。彼らは、「専業主婦がいて子どもに囲まれる温かい家庭」への憧れを強め、快適な住空間作りや子どもの教育に関心を寄せ、家族生活を小市民的なものへと近づけていった。家族だけの生活空間となった家庭の居間には白いカーテンがかけられ、壁には家族の写真を飾り、ソファー、テーブル、時計などの家具や小道具が揃うようになったのである。二〇世紀初頭から普及した産児制限による子ども数の低下も、主婦の負担軽減と子どもの教育を含む生活レベルの向上の後押しをした。こうして、二〇世紀初頭には労働者層の間でも親密で閉鎖的な家族が形成され、近代家族が大衆化していったのである。ヨーロッパ西側諸国の近代家族は高度経済成長の時代であった戦後の一九五〇年代から六〇年代にかけて黄金期を迎え、この時期に家族はもっとも平準化した。女性は若い年齢で結婚して専業主婦になるという規範が定着し、女性の就業率は第二次世界大戦以前よりも減少した。

近代家族の揺らぎ

第二波フェミニズム運動が広がった一九七〇年代、性別役割分担を前提とする制度的家族が批判の対象となり、非婚同居の実践、子どもを産まないカップルの増加など、近代家族規範は転換点を迎え、女性就業も増加した。その後、環境運動の誕生や成長一辺倒の経済活動への批判など、時代は脱近代へと方向転換していく。八〇年代になると離婚の増加や少子化、非婚同居・非婚出産が進展して、家族のあり方は著しく多様化し、なかでも家族の典型とされていた夫婦と子どもから成る世帯(核家族)の減少が目立つようになった。その背景には個人のライフコースやライフスタイルの多様化があり、家族のライフサイクルや生活様式も多様化して、現在では、もはやモデル化された家族を描くことはできなくなっている。

実例としてドイツ(西ドイツ)における家族政策を取りあげよう。そのアジェンダ設定のために専門家が作成していた「家族報告書」における家族の定義は、一九七五年には夫婦と子どもという制度的家族であり、一人親家族をそこから逸脱した「不完全家族」としていた。八四年にこの名称は廃止され、家族の多様性が家族政策立案の基本となった。二〇〇五年には、夫婦と子どもを基盤としていた過去の捉え方とはまったく異なり、家族は「異なる世代がお互いに責任を引き受ける共同体」と定義されている。

5　日本での家族史研究と女性・ジェンダーの視点

近代家族論の日本での受容

一九七〇年代から八〇年代にかけての近代家族論の登場は欧米各地でも衝撃を与えたが、とりわけ日本での反響は大きかった。女性学、社会学、教育学、西洋社会史研究と学際的に取りあげられ、八〇年代から九〇年代前半にかけて翻訳も合わせて数多くの家族史関連の文献が刊行され、近代家族をめぐる議論も活発化した。

ただし日本の当初の近代家族論は、実証研究を重視する日本史研究者の参加が少なかったこと、当時の支配的な家族観や家族理論を覆すという目的意識が強かったことから、理念研究の方が実態研究より優先されていた。そして近代以前は伝統家族で近代は近代家族と、やや単純に類型化して議論され、近代、とりわけ近代初期の家族が同じヨーロッパでも実際には地域や階層によって多様だったことは無視されがちだった。ただし、九〇年代以降には、階層性にも留意した実証研究や議論が登場するようになっている。

また、近代家族の捉え方をめぐって論争も起きた。そこではフェミニストや家族社会学者を中心とする議論が活発に展開され、日本の近代家族の特徴をめぐる問題、近代日本の「家」の性格をどう理解するかが焦点になった。「家」と近代家族との関係については、すでに第2講で述べたように、フェミニストたちは戦前の封建遺制としての「家」制度が戦後に廃止されて民主的な家族(近代家族)が成立したという見解には反対であった。むしろ、戦前の「家」がすでに、近代的な性別役割思想である良妻賢母規範の形成や、家族主義的な国家思想の形成に寄与するなど近代家族的性格を持っていたこと、さらに近代家族自体もすでに大正期には都市中間層を中心に成立していたことに注目していた。フェミニストの間で意見が分かれたのは、そうした近代家族的性格を有する戦前の「家」が、近世からの連続性をもって近代に再編されたのか、あるいは近世とは断絶していて近代国家によって「創出」されたのか、という点と、

「家／近代家族」は複合的ないし二重構造なのか、それとも「家＝近代家族」という一元的なものなのか、という点であった。

この論争の決着はついていないが、私自身は、明治期以降の「家」は近世からの連続的再編であり、「家／近代家族」は二重構造を持つと考えている。というのは、これまでの論者がほとんど考慮しなかった、伝統家族の経営体としての側面の連続性に注目するからである。もちろん近代には「家」への共同体の縛りはなくなり、明治民法で家族成員は強い戸主権をもつ戸主とその同居親族および配偶者に限定されて制度的にあらたな「家」が形成され、さらに成員の情緒的な結びつきという近代家族的側面も見られるようになった。しかし、戦前に人口の多数を占めていた農民の間では、近世後半から次第に単独相続が慣行となって「家」の維持・継続を図り、明治民法の成立以降も、その延長線上で土地、農業経営、祖先祭祀権を一体として一子が相続する三世代同居の「家」、すなわち直系家族のあり方が通常となっていた。家族成員のうち男性は主に家業である農業労働、女性は農業の他に製織労働や養蚕などの副業と家事に従事し、三世代男女の労働力を必要に応じて割り振ることで「家」の維持・存続を図っていた。「家」に近代家族には見られない経営体としての側面があったからこそ、妻が嫁入りのさいに製織技能など、「家」の維持に必要な労働を、どれだけ提供できるかが評価されたのである。

近代家族をめぐる議論を先頭に立って推進してきた落合恵美子は、一九九四年に『21世紀家族へ』を著し、欧米で二〇世紀前半の戦間期までに起きた近代家族の大衆化が、日本では戦後、サラリーマン家族が増えた高度成長期に起きた、と主張した。その特徴は、一、女性の主婦化、二、再生産平等主義、すなわち産児数二〜三人への画一化、三、人口学的移行期の世代が担い手で兄弟姉妹数が多いため、三世代家族(「家」)を残しながらの核家族化、である。人口学的な視点から、日本的特徴を持った家族の変化を読み解いている。

戦後の主婦化によって下がり続けた女性労働力率は一九七五年に最低を記録した後、上昇に転じている。非婚同居や非婚出産こそ浸透しなかったが、日本でも、離婚の増加、少子化、晩婚化、非婚シングルの増加、と家族の多様化と個人化が進んでいる。結婚後ほとんどの女性は夫の姓を名のってはいるが、直系家族は消滅し、女性の実家との結びつきが強まっている。

アジア圏・イスラーム圏の家族史研究の進展と父系家族

ヨーロッパと日本が主たる対象だった日本のジェンダー視点からの家族史研究は、二一世紀になって、その範囲をアジアやイスラーム圏へと拡大し、地域と時代によって異なる多様な家族像を明らかにした。そのなかで、ヨーロッパや日本の経営体としての家＝家族とは異なる、父系制という親族構造による伝統家族の類型も浮き彫りになってきた。

中国の家族については、すでに一九六七年に滋賀秀三が、日本の経営体としての家とは異なり、財産権と祖先祭祀権の父系継承という伝統中国の家族原理が漢から清まで続いたと論じていた。しかし、近年のジェンダー史研究は、古代の父系制の不徹底、宋代における朱子学（新儒教）の誕生と関連した父系家族の絶対化、また明清時代における女性抑圧的なジェンダー規範の一層の強化に鑑みると、伝統中国の家族は歴史的にも地域的にも一括して捉えられるものではない、と滋賀を批判し、中国の家族の歴史的変化を指摘している。「男女の別」が強調されるようになったのは宋代以降であり、身分制を脱して競争社会となった明清時代には、女性がジェンダー規範を守って家の中にいる「良い女性」であることが、その家の社会的地位の指標となり、纏足が普及したのである。

インドのヒンドゥー社会やイスラーム圏でも基本的に厳格な父系的親族構造で家＝家族が継承された。父系家族には経営体家族とは異なる特徴が存在するが、なかでも重視されたのが女性の貞節であった。経営体家族では性的規範は相対的に緩やかで、婚前交渉や家の経営体機能を維持するために寡婦の再婚も行われた。父系継承を原則としながらも双系も取り入れ、婿養子を跡取りにすることもあった。ところが父系家族ではインドのサティー(寡婦殉死)という慣習にみられるように寡婦の再婚は不面目とされ、家系の存続のためには嫡子としての息子の誕生が必須となるため、女性のセクシュアリティは厳重に管理された。そのために男女の空間分離が行われ、女性の家外での活動は制限されたり、規制されたりしたのである。女性が生産労働に従事しないわけではなかったが、家内でできる製織労働などに限定されていた。

ただし、こうした厳格な父系家族の維持やそのための男女隔離は、一夫多妻や妾制の存在によって、さらには女子の間引きによって婚姻年齢女子が不足する事態を引き起こしたし、また女性の家外での生産労働が生存のために不可欠な下層では、そもそも不可能であった。父系家族の維持は、階層やジェンダー秩序と密接に結びついていたのである。カースト内婚が行われたインドではカースト秩序の維持が目的であり、バラモン的家父長制によって自己犠牲による夫への帰依こそ上層女性の理想の姿だとみなされ、女性は従属的な地位に置かれていた。

第6講

近代社会の編成基盤としてのジェンダー

ドイツ軍占領下のヴェルサイユ宮殿で行われたドイツ皇帝ヴィルヘルム1世の戴冠式．ビスマルク(中央，白の上着の人物)をはじめ，全員が軍服を着用(1871年)

第3講で述べたように、ジェンダー史は女性／男性の間の差異化の過程に注目し、差異化によって構築されたジェンダーの作動メカニズムを見ることで歴史の解明を試みている。本講ではこのジェンダー史の基本的視角から、近代社会がどのような原理にもとづいて編成され、その社会に適合的に差異化されたジェンダーが、いかにその基盤となっているかを考察する。そのためには、近代社会とは編成原理の異なる身分制についてまず触れておかなければならない。

1　身分制

王権とジェンダー

近代以前の多くの社会でみられた身分制では、身分・出自が何よりも重視された。多くの身分制社会で王・女王(天皇・皇帝など呼称はさまざま)が最高権力者として統治を行い、この王権は、通常、世襲制によって継続された。男性の王による統治がほとんどだったが、女性が支配者として君臨し、政治的実力を発揮した例もあった。ヨーロッパ近世の周知の人物として、イングランド繁栄の基礎を作ったエリザベス女王（在位一五五八〜一六〇三）、女性の相続を認めない周辺諸国を相手に敢然とオーストリア継承戦争を戦い抜き、ハプスブルク家相続を認めさせた女帝マリア・テレジア（在位一七四〇〜八〇）、夫ピョートル三世を廃位させて女帝になったロシアの啓蒙専制君主エカチェリーナ二世（在位一七六二〜九六）などがいる。

フランスでは、フランク王国時代のサリカ法典を根拠にして嫡出男子しか王位を継承できなかったが、王の取り巻きが政治を牛耳っていたため、王妃、母后、愛妾が大きな政治的役割を演じることができた。母后摂政として大きな権力を握ったのが、アンリ二世（在位一五四七〜五九）の妻で複数の王の統治に関与したカトリーヌ・ド・メディシスや、ルイ一三世（在位一六一〇〜四三）の母マリー・ド・メディシスである。四歳で即位した太陽王ルイ一四世（在位一六四三〜一七一五）も、幼年期は摂政である母后が政治を司っていた。ルイ一五世（在位一七一五〜七四）の愛妾ポンパドゥール夫人は、政治への関心が薄い王に代わって権勢をふるった。彼女は一七五六年開戦の七年戦争時に、マリア・テレジアとロシアのエリザヴェータ（在位一七四一〜六二）とともに「三枚のペチコート作戦」と呼ばれる反プロイセン包囲網を形成し、宿敵オーストリアと和解してマリー・アントワネットのフランス王室との婚姻のお膳立てをした。

フランス革命時に立憲君主制を指向した一七九一年憲法で、女性は摂政から排除され、逆に

図3　ルイ 14 世の肖像画（1701 年）

男性は王族以外でも摂政になることが認められた。この法案の審議のさいに性別よりも身分を重視する旧体制の断固たる擁護者は、摂政を「性別にかかわりなく王族のみから選ぶべき」という意見を出していた。しかし、近代という時代は出自による区別ではなく、ジェンダーを制度設計の指標としたのである。

宮廷文化

宮廷文化のなかで高貴な女性たちは、政治的影響力の発揮にとどまらず、パトロンとなって文化振興に関与し、サロンを主宰して著名な思想家たちに議論の場を提供するとともに、自らもその議論の輪に加わった。彼女たちは性的能動性を発揮し、男性を誘惑していた。宮廷社会では王の結婚は外交の手段でもあり、政略結婚をしていたので、王は自分のお気に入りの女官や侍女、さらに夫のある女性も愛人にした。富と権力を手にできる王の愛人になるために、女性も自らの美を最大限に際立たせるよう日夜努力を重ね、華やかに装い優雅さを競い合った。

後に市民層(ミドルクラス)によって批判される贅と官能の世界であった。

華美な服装は女性に限らなかった。高校の教科書にも掲載されているルイ一四世の肖像画は、長髪で豪華なマントを身に着け、足はストッキングにハイヒール履きである(図3参照)。身分制下の貴族は「戦う人」であったが、彼の服装は戦闘性はもとより、男性性さえ読み取れないジェンダーレスといえるものである。当時の王は、王にふさわしい威厳を豪華な衣装をまとうことによって示したのである。対照的に、国民国家の時代の一九世紀半ば以降には、威厳は強さによって象徴されるようになり、王や諸公の像は軍服をまとっている(本講扉参照)。

身分制下の性役割は社会的な取り決め

身分制下の一七三九年に発行されたドイツの百科事典は、男性と女性の違いを自然とモラルの観点から基礎づけていた。男性にとっての自然は生殖器官であり、モラルは夫という地位、また家経済の経営に携わる地位に由来するものだった。男女の相違がのちに「本質的」とみなされるようになるのと違って、当時は社会的な指標にはるかにウェートが置かれていた。

社会的な文脈に重きが置かれていたことは、「男性」として語りうるのは一定の年齢に達してから、というこの事典の記述にも表れている。すなわち生物学的な意味での男性ではなく、自分と家族成員を養いうる社会的地位が前提となっていて、家長としての責任を果たせる三〇歳以上が男性とされたのである。このように、夫は生計獲得の中心とみなされてはいたが、妻も生計獲得に寄与することが前提とされていた。夫が多く稼ぐのは、妻は妊娠と子どもの養育という労働のために時間を割かなければならなかったからである。この時期には日常生活を維持するための労働、家事労働——のちに「愛の行為」とされる——は就業労働と同じ価値をもつとみなされ、稼得労働との区別も曖昧であった。

2　近代的ジェンダー観の形成とその制度化

啓蒙時代における「自然の性差」論の形成

身分制の基盤が揺らぎはじめ、新しい市民層が台頭してきた一八世紀半ばの啓蒙の時代には、あらたな知や考え方にもとづく将来社会の構想が語られた。啓蒙思想家たちは近代社会の基本原理となる自由や平等を唱えたが、あくまで男性間の平等であって、女性はその対象とはならなかった。逆に彼らは男女間の能力や精神力の違いを強調し、女性が男性に従属する性であると唱えたのである。ルソーは『エミール』のなかで服従は女性の自然の状態だと論じ、夫に従いつつましく家庭を守る妻の像を描いた。カントは、人間の理性による自由な決定が不可能として身分制を批判したが、それができる成熟状態に達せられるのは男性だけで、女性は一人前ではない「未成熟状態」の存在だと考えた。

当時は、こうした自立して自分の道を切り開ける男性と、依存しなければ生きていけない女性に関する言説が、さかんに登場した。たとえばハノーファーの教養市民エルンスト・ブランデスの『女について』(一七八七年)は、「自然は女を自立した存在に創造しようとはしなかった。女は男のためにつくられ、彼に屈するべきである。男はそびえ立つ楡の木でなければならない。楡の木には、か弱い葡萄の木が絡みついている」と書いている。また教育学者のヨアヒム・ハインリヒ・カンペの女子教育論(一七八九年)は、「男は樫の木であり、女はこの樫の木から力を吸い取って自分の生命力にする蔦である。蔦の命は樫の木次第」と述べている。啓蒙時代に登場した、こうした男女の相違に関する言説は、その根拠を男女の生まれながらの違い、すなわち「自然の性差」に見いだした。

自然の性差論の登場を後押ししたのが一七世紀の科学革命以降の自然科学の台頭であり、男女の「本質的」な相違が「科学的」に説明され、「客観的」に裏づけられた(詳しくは第7講参照)。近代医学や解剖学は逞しい男性の身体ときゃしゃな女性の身体、男女の頭蓋骨の大きさの違いを強調して示し、この身体的な差異に意味が付与されて、精神的な強靱／脆弱、自立／依存といった違いが導き出された。孕ませる力をもつ男性は能動的、受けとめて身ごもる女性は受動的と解釈されたのである。

こうして一七七〇年頃から男女の差異化が行われ、一八二〇年頃までに男女は対極的な存在だという見方が定着した。すでに第3講でも紹介したように、百科事典の記述でも、男性／女性は、力強さ／弱々しさ、大胆／控えめ、自立／依存、勇敢／臆病、貫徹／順応、攻撃的／受身的、力／愛、理性／感情、知／信仰、というふうに、二項対立的に把握されるようになったのである。そして、この自然の性差＝「生得的な特性」にもとづいて男女の役割が決定され、男性には公領域である国家・経済・社会が、女性には私領域である家庭が割り当てられた。一八一五年の百科事典には、「男性の精神はより創造的であり、自ら進んで広い世界を手に入れようとし、労苦、抽象的事項の理解、長期的視野での計画により適している。女性の世界は見通しのきく狭い範囲に限られていて、こまごまとした仕事を根気強く行う。荒々しい公的世界は男性に属し、穏やかな家庭領域は女性のものである」と書かれている。

フランス革命と公私二元的ジェンダー秩序の形成

一七八九年のフランス革命時に採択された「人権宣言」は、普遍的価値をもつものとして現在まで、その影響力を保持している。フランス革命は、法の前の平等と国民主権という近代国家の基本原理を誕生させた。しかし、すべての人が平等に主権者になれたわけではないことは、すでに第4講でも述べたとおりである。一七九一年憲法は、主権者を男性の有産白人市民に限定した。これに対してオランプ・ドゥ・グージュは「人権宣言」をもじった「女権宣言」を著わし、「人権宣言」に謳われる人間が男性しか念頭にないことを暴き、市民権からの女性の排除を批判して男女平等を求めた。

フランス革命には、女性も積極的に参加した。一七八九年一〇月には、七〇〇〇人あまりの女性たちが武器をもち、「パンを寄こせ」と叫びながら軍隊を引き連れてヴェルサイユに行進し、国王一家をパリに連行した(第2講扉参照)。女性の権利を要求する運動もさかんになり、言論・文筆活動を活発に行うとともに、さまざまな協会を作って軍隊(国民衛兵)への加入権、教育権、父権・夫権の撤廃、政治的諸権利などを求めた。

九二年の共和制の樹立後、男子普通選挙で選ばれた国民公会が採択した九三年憲法では、すべての二一歳以上の男性に選挙権が認められたが、女性は排除された。さらに女性の政治活動への批判も高まり、同年一〇月には女性の政治結社禁止令が出されるにいたった。その理由の一つは、女性は高度な思索や深い洞察を行う能力に欠けている、すなわち感情的であり、羞恥心ゆえに家庭外で自分の見解を表明できない、というものであった。今一つは、女性は自然によって義務づけられた家事・育児という私的な役割を果たすべきである、という理由であった。自然の性差によって、男性＝公領域、女性＝私領域という、両性がそれぞれの役割を果たすべき特定の領分が決定されたのである。

グージュは、政治の舞台に身を乗りだし、女性にふさわしい徳を忘れて家庭を顧みなかった、として断頭台の露と消えた。フランス革命の歴史を家族モデルによって読み解いたリン・ハントは、自由・平等・友愛（fraternity＝兄弟愛）という理念によって父なる国王の支配を打破した近代フランスは、かわりに男性兄弟による支配を打ち立てたのだと主張した。フランス革命は、男性は公領域、女性は私領域という公私二元的ジェンダー秩序を基盤として近代市民社会が形成されていく、その出発点ともなった。

「自然の性差」論にもとづく女性の従属の制度化

一方ドイツでは身分制社会から市民社会への移行が進む過程で、啓蒙専制国家の理念と政策を反映した家族法の改定が試みられた。従来の婚姻契約説と婚姻の目的結合的な性格規定から、婚姻を愛情にもとづく自然的倫理的関係とみなす市民的理論に則したものへと改めようとしたのである。この法律改訂論議に大きな影響力を与えたのが、一七九六年刊行の『自然法の基礎』のなかで婚姻は心の道徳的自然的関係であると説いた啓蒙哲学者のフィヒテである。彼は、夫婦関係における男女の愛の形の本質的な相違をベースに、妻の愛が夫に献身するものであるのに対し、夫の愛は妻の献身に自然の寛大さで応えるものだとし、これにより夫婦の人格的一体化が成り立つと考えた。フィヒテは、人間の自由という近代市民社会の理念に立脚しながら、妻は女性のみに備わる本能的で自発的な愛によって自らの見解を捨て、夫に服従し、財産も市民権もすべて夫に委ねるべきと主張したのである。彼は女性の従属を女性一般の本性や自発的な愛の倫理に求め、理性的人格の自由な展開という市民社会の原理に矛盾しない形で家父長制、つまり市民的家父長制を貫徹させる論理を打ち立てた。

ナポレオンが編纂させ、一八〇四年に制定されたフランス民法典(ナポレオン法典)は革命の成果を定着させる法典で、男性の自由・平等を前提としていた。夫は妻を保護し、妻は夫に従うことが明記されて、夫の後見下におかれた。妻は単独では法廷に立てず、妻の財産は夫の管理下におかれ、自分の財産といえども自由に処分することができなくなった。法的主体となれたのは原則的に成人男性であり、女性は法的に無能力とされたのである。こうして、一九世紀の近代法では男女の非対称性が制度化していった。

3　国民《ネイション》・ナショナリズムとジェンダー

ナショナリズムの台頭とジェンダー化された国民《ネイション》形成

一九八九年のベルリンの壁崩壊に象徴される冷戦の終了によって、東欧地域で民族紛争が起こるなど、ナショナリズムを根幹とする紛争や運動が活発化するようになった。そのなかでナショナリズム研究がさかんになり、ジェンダー史でも台頭してきた男性史や構築主義の観点を取り入れながら、ネイション・ナショナリズムのなかにジェンダーがどう組み込まれ、どのような働きをしているのか、という視角からの分析が行われるようになった。

国民《ネイション》形成のうえで重要なのは、外敵（＝他者）の存在が具体的にイメージされ、それに対峙する集団としての一体感を抱くことだと考えられている。ドイツでは、プロイセンのナポレオンに対する敗北によってベルリンが占領されていた一八〇七年に「ドイツ国民」という表現が登場し、国民意識と愛国心の覚醒が訴えられた。従来の女性史研究では、国民を主権者あるいは市民権と等値する見方を採ったため、女性は国民の範疇から排除されているとみなされてきた。

しかし、国民と統治機構としての国家とを区別し、ベネディクト・アンダーソンの『想像の共同体』にみられるように、国民をわれわれ／彼ら（他者）の二分法にもとづく特定の共同体《ネイション》への帰属意識や成員としての一体感をもつ人びとと捉えれば、女性は男性と同様に国民の不可欠な構成員として包摂の対象となる。

ただし、その居場所は女性と男性で異なっている。国民はジェンダーに特有の意味合いを強く内包し、ジェンダー化されて形成された。女性と男性には異なる行為空間とアイデンティティが割り当てられ、それらは相補的に関連し、機能的にも補完すべきものであった。ナポレオン戦争期の一八一三年にドイツの民族詩人エルンスト・モーリッツ・アルントは、国民のなかで、あるべきジェンダー秩序を次のような詩で表現した。

もし男性が武器をもたず　女性が竈で一生懸命働かないならば
長きにわたってうまくはいかない　そして家と国は滅びていくだろう

家・家族を基盤とする国民の存続のために、男女双方が、それぞれの居場所でそれぞれの役割を果たして祖国に貢献することが求められ、女性はしっかり家庭を守って民族を次世代につなぎ、男性は武器をとって近しい人たち、そして祖国を守るとされたのである。ただし、当時の人びとにとって竈を守る女性像はなじみのあるものだったが、武器をとって戦う男性のイメージは、新しく挑発的な響きをもっていた。

戦闘的な男性像の形成

一七七五年の百科事典には、「本性的により強い男性には厳しい労働や軍務が、女性には穏やかな任務、とりわけ子どもの養育が適している」と記されている。ただし、この記述は男女の自然の性差と、そこから導かれる役割の違いに重点をおいたもので、その例として「軍務」が提示されているにすぎず、戦闘性を鼓舞したり、戦う男らしさを強調するものではなかった。この時期にプロイセンには常備軍があったけれども、市民層は貴族の将校への服従を強いられ、身体的刑罰や略奪・レイプが横行する軍隊を評価せず、免除制度を利用して兵役を免れていた。また学校の教科書には戦争を経済生活に対する重荷と記していたのである。

ところがナポレオン戦争での敗北によって、男性の闘争心のなさが批判されるとともに、男なら命をかけて祖国のために戦わなければならない、という言説があらたに登場して、男性の戦闘性に決定的に重要な意味合いが付与された。戦争の性質も、従来の王のためのものから、脅かされる自分たちの祖国のためというナショナルなものへと変わり、すべての成員に祖国防衛が求められた。一八一三年にプロイセンが再度ナポレオンに宣戦布告してナショナリズムが高揚したさいに、戦う男性性の訴えは頂点に達した。「祖国のために死ねる者こそ男だ」「立ち上がらない男には、女はキスしてくれないよ」といった詩が数多く登場し、男らしさ、戦闘性と祖国を結びつけて愛国心がかき立てられ、男性が戦いへと鼓舞されたのである。あらたに呼びかけられた国民形成には、戦う男性像が不可欠の構成要素として付け加わり、近代的なジェンダー形成と絡み合いながら、ジェンダー化されたナショナル・アイデンティティの構築とその軍事化が進んでいった。

ちなみに自国民と他国民の表象において常套手段となっていたのは、自己を勇敢、力強さ、規律といった「男性的」な性格で表現して称賛し、他者に臆病、脆弱、退廃といった「女性的」な性格を付与して貶めることである。この雄々しさ／女々しさというジェンダーによる表象は、後の時代には、宗主国と植民地の関係、リスペクタブルな国民とユダヤ人など自国のマイノリティとの差異化においても用いられた。女性は国民の不可欠な構成員ではあったが、祖国は男性的な性格をもたねばならず、同じ国民のなかでは男性優位のジェンダー・ヒエラルキーが貫徹していたのである。そのヒエラルキー形成で重要な役割を果たしたのが、軍隊である。

「新しい軍事史」とジェンダー

軍事史はもともと、戦略や戦術、軍事技術や軍制など軍事学としての研究が中心だったが、軍隊の社会史研究の台頭を受けて軍事研究でも「新しい軍事史」が生まれた。そしてドイツではとりわけ一九九〇年代以降、軍隊と国民形成、政治文化、社会・経済活動との関連や兵士の日常生活に焦点を当てた研究が行われるようになった。この流れを受けてジェンダー史研究は、兵士をジェンダー化された存在として捉え、彼らの男性性を彼らにとっての他者である女性との関係性のなかで検討するという観点から、軍隊や戦争と市民社会との相互作用に注目した。

近代以前の軍隊には、女性も参加していた。貴族の将校と外国人が多い傭兵を中心とする軍隊には、兵士の妻や子ども、売春婦、軍隊内で酒などの日用品を販売する酒保の女性たちが随行し、料理や洗濯、傷ついた兵士の手当、必要な物品の提供などに携わっていた。情報収集でも女性は活躍し、戦利品の略奪にも加わっていた。なかには、男性とともに戦闘に参加する女性もいた。近代の戦争でも、義勇兵が活躍したナポレオン戦争では、多くの国でまだ女性兵士が確認されている。プロイセンでは、男装して義勇軍に参加した女性は名前がわかっているだけで二三名いた。砲弾にたおれて手当を受けるまで、誰も女性とは気づかなかったのである。

ナポレオン戦争期の一八〇八年にはプロイセンで徴兵制に関する議論が開始されたが、徴兵制は文化や稼ぎの破壊につながるとして市民層の反対は強く、その導入は見送られた。しかし、その導入失敗ゆえに、男たちに祖国を守る意味を実感させるため、国家公民の義務としての兵役と男性の政治的な市民権とが結びつけて考えられるようになった。兵役義務は一八一三年に暫定的に導入され、一四年に恒常的なものとなった。それでも市民層の兵役義務への反対はなお根強かったが、そうした軍隊観は軍事力でドイツ帝国を誕生させた(一八七一年)ドイツ統一戦争期に決定的に変化した。

軍隊の存在が市民生活に浸透し、兵役は名誉なことだと認識されるようになった。軍隊は男性を、階層、出身地、宗派、職業などと無関係に男という属性を共にする共同体の成員として取り込んだ。男たちに幅広い世界を体験させ、祖国や国民を上位におく教育機関として男性を一人前の国民に陶冶したのである。祖国への忠誠と義務は権利として報われ、ドイツ帝国では男子普通選挙権が導入された。逆に軍務のない女性たちは、国家公民には値しないとみなされた。男たちが兵役生活で身につけた規律や秩序遵守の生活態度は、除隊後の彼らの社会的評価を高めるのに貢献した。彼らは軍隊という「男らしさの学校」を経験することで、「ひとかどの男性」となったのである。兵役合格は、まっとうな男子国民としての人生を歩めるかどうかの試金石となり、不合格者は女性たちからしばしば蔑みのまなざしで見られた。

男らしさは、「戦えない性」である女性だけでなく、戦わない／戦えない「弱き男性」の存在によっても強化された。兵役拒否や脱走によって戦いを放棄した者だけでなく、捕虜や負傷兵のように戦線離脱を余儀なくされた者、軍隊内の非戦闘職に従事した者など、軍隊の「なか」にありながら微妙な立場におかれた男性も存在した。男らしさと身体壮健が結びつけられる文化のなかで、総力戦となった第一次世界大戦で戦争障害者となった男性は、自らの身体を犠牲にして祖国を守った英雄という自己認識とは裏腹に、世間から嫌悪感をつきつけられ、冷たい目で見られることになった。戦争障害者には「労働による自立」を通じて社会復帰させる政策が推進され、夫・父親として家族を扶養するという「男性の役割」が求められた。それゆえ障害を理由に労働困難を訴えたり、軍人年金の引き上げを主張する者は「男らしくない」というレッテルを貼られることになった。とりわけ顔面損傷者、戦争神経症などの精神障害者、生殖能力の喪失者は、「去勢された」存在とみなされた。男としての生き方を求められる社会のなかで、彼らは身体的な男らしさを失い、家族を扶養できず、また家族を作れず、「女性化した」存在として蔑まれ、周縁化されることになった。

急進ナショナリズムと反女性解放

一九世紀末には、ヨーロッパ列強の海外進出と覇権競争が激しさを増していた。ドイツでは民族至上主義・人種主義的な傾向が強まり、急進ナショナリストが台頭してきた。彼らは国外在住者を含めてドイツ民族の一体性を強調し、国内に住むドイツ国籍をもつユダヤ人やポーランド人を異分子として排除の対象とした。一方でこの時期には女性の社会進出が活発化し、フェミニズム運動も欧米各国で躍進の時を迎え、女性参政権の獲得が現実味を帯びて、運動は各地に広まっていった。

女性の社会進出に対抗して、またそれへの焦りと恐れから、急進ナショナリストは既存の男性優位のジェンダー秩序維持のために自然の性差論を強化・再構築し、女性蔑視の考えを以前よりはるかに露骨に表明するようになった。そして、そのような彼らのジェンダー観は、彼らのナショナリズム論と密接に関連していた。その見解は、ドイツの女性参政権反対論に如実に示されている。

反対理由の第一は、男女の適性である。力強く戦う守護者であって扶養者である男性に対して、妊娠・出産する女性は客観性に欠けた主観的で身体的にも精神的にも脆弱な存在であり、男性と同じ義務を果たせず、成果もあげられない、という。彼らによれば、女性の参政権行使はヒステリックな妄想で民族の没落を招くものであった。第二は、家族の破壊である。女性の自己主張によって家族のまとまりが崩壊するため、家族を基盤とする民族・国家の衰退につながる、とされた。第三は、国家の男性性の剝奪である。女性の政治参加によって国家に女性的な力のなさが刻印されるため、国家は戦うことなく妥協し、意志も利害も貫徹できない脆弱なものになってしまい、国家の没落を招く、というのである。

急進ナショナリストは、男性は男らしさを発揮して内外の敵と戦い、女性は自己主張もせず見返りも求めず黙々と家族のために、またドイツ民族のために奉仕することによって、強力な国家建設という目的が達成されると考えたし、それが「真のドイツの男性」であり、「真のドイツの女性」であるとみなしていた。それゆえ、家族や民族を顧みずに個人を第一に考え、崇高な女性性を剝奪してまで職業進出や女性参政権をめざす女性解放運動は、外国からきたものだと捉えられた。女性解放運動は、ユダヤ人、マルクス主義とともにインターナショナルなものとして一括りにして捉えられ、ドイツ国家・ドイツ精神を破壊する元凶だとみなされたのである。

日本の国民国家論とジェンダー

われわれ／他者の区別にもとづいた国民国家論を日本で提起したのは西川長夫である。排除と統合、双方の局面に注目した彼の議論は、戦後歴史学と対峙しながら一九九〇年以降の歴史学界に大きな影響を与えた。もっとも女性の国民への排除・統合という議論に関して、西川にはジェンダー化された国民という視点がなかった。そのため国民を主権者として捉える文脈では、女性が国民統合から排除されていることを明確に指摘しているのに対して、国民統合を議論する文脈では、明示はしていないものの女性も含まれていると読める記述がなされており、女性の位置づけに関しては曖昧さが残っていた。

しかし、戦う男性と家庭を守る女性による強国形成というモデル像は、表現形態は日本的特色を帯びていて異なるが、世紀転換期以降の国民国家確立期に日本でも生み出されていた。西川の国民国家論を受けて加藤千香子は、すでに近代家族的観点が浸透していた良妻賢母論に関して、ナショナリティ(国民性)との関連を指摘し、日露戦争時に、個人主義ではなく家族主義日本の強みを強調した上で、国民の発達にとっての家庭と良妻賢母の重要性が認められたと指摘した。また第一次世界大戦後には、愛国心や民族の発展に寄与する母としての役割の要請との関連で、良妻賢母主義が強力に打ち出されたという。加藤は、男性に関する一例として青年像の構築も挙げている。「青年」というカテゴリーが日本の将来の「開拓の使命」を担う者として喚起され、精力旺盛で剛健不屈な青年が男性性と結びつけられ、軟弱な若者・女性・老人と対比されてヒエラルキー的に称揚されたのである。

男女の相違については古代からさまざまに議論されてきたが、本講では、近代社会の黎明期に、それが「自然の性差」として把握されたこと、また近代社会の特性として男性の戦闘性と、それと対になる女性の家庭性が強調されたことを指摘した。ヒエラルキー的に把握された、このジェンダーの差異は、公私二元的ジェンダー秩序の制度化とネイション・ナショナリズムへの組み込みという形で、近代社会編成の基盤となったのである。そして、自/他の差異は男性/女性の差異として把握され、他国や他民族、植民地を貶める形容として用いられた。

第7講
身　体

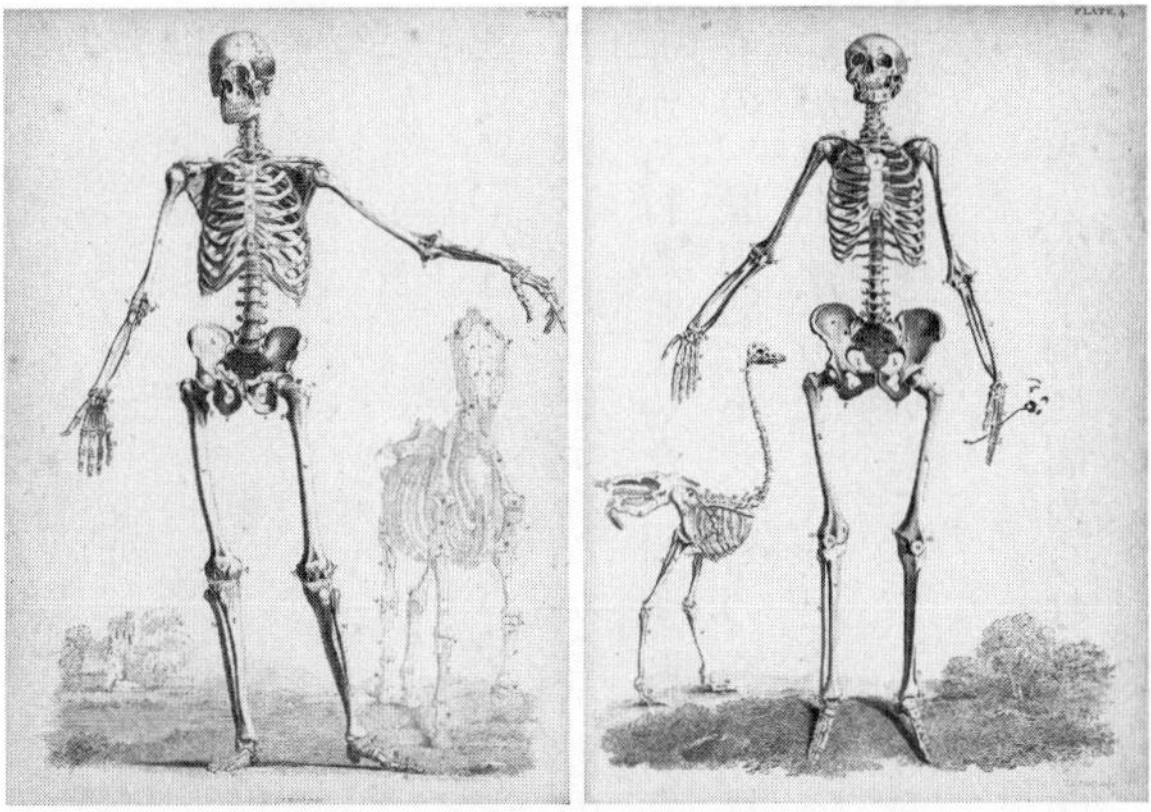

肩幅，骨盤，頭蓋骨の大きさで対照化された男女の骨格図．男性(左)の側には馬が，女性(右)の側にはダチョウが描かれている(ジョン・バークレイの解剖学書，1829年)

1　身体は不変か？

ワンセックス・モデル

シモーヌ・ド・ボーボワールが一九四九年に「人は女に生まれるのではない、女になるのだ」（『第二の性』）と主張したように、女らしさや男らしさは生まれながらのものか、育つ環境によって形成されるものか、という議論は早くから行われていた。対照的に男女の身体や性に関する生物学的な違いについては、本質的なもの、歴史的に不変なものという見方が強固であった。しかし、一九八〇年前後から、われわれが抱く身体観は一八世紀後半以降の西洋近代医学を基盤としたものであり、それ以前の身体把握は異なっていたこと、つまり身体的性差も歴史的変数の一つだったことが明らかになっていく。

古代ギリシアには、女性の体内にある過剰な水分が子宮に溜められ、そこから経血として体外に排出される、という女性の身体をその組成や子宮の存在によって男性とは別のものとみなすヒポクラテス由来の見方があった。しかし、近代以前の性差把握で支配的だったのはガレノスの古代ギリシア医学の性差観で、男性の「外性器」を裏返しにして直腸と膀胱の間のところから体内へと引き込んだら、陰嚢は必然的に子宮の位置を占め、睾丸はその外側、子宮の左右に卵巣として存在することになる、とみなされていた。すなわち男女の性器はひっくり返すことができ、女の生殖器官を外へ押し出せば男の外性器になるはずであった。子宮は、特別なものではなかったのである。このモデルでは女は、本来押し出されて外にあるべきものが、男ほど十分な熱がないため内にとどまった「不完全な男」(アリストテレス由来の見解)だと考えられた。この古代から近世まで受け継がれてきた「男と女の身体は基本的に同じ」とみなす身体観を、アメリカの科学史家であるトマス・ラカーは「ワンセックス・モデル」と呼んだ。

身体は文化的構築物

医学史は医学の歴史を基本的に進歩の歴史として描き、近代医学を以前の無知と蒙昧から解放する科学的な見地と位置づけてきた。この進歩史観を踏襲した近代主義者のエドワード・ショーターは、『女の体の歴史』で、伝統社会の女たちの自己体験にもとづく表現であり、それゆえ当時は一般的であった、子宮は体内を動き回る生き物というイメージを、農民の解剖学へのとてつもない無知が前提となっている、と主張した。彼は、近代以前の女たちにとっての性や身体を苦しみと悩みの源泉と捉え、彼女たちは近代医学の発達と近代家族の情愛による夫の優しさによって悲惨な生活から解放された、というのである。

歴史のなかの身体を研究していたドイツのバーバラ・ドゥーデンは、こうしたオプティミスティックな近代発展史的見方を退ける。彼女は、一九八〇年代初頭に、一七二一年から一七四〇年の二〇年にわたる一六五〇人の女性患者の一八一六の診察記録をまとめた医師ヨハン・シュトルヒの『婦人病』(全八巻、出版は一七四七〜五二年)に出会った。この本を読みはじめたとき、彼女自身もまだ「身体も身体体験も不変」だと考え、解剖学的また医学的な知識によって身体を客体として捉えていた。しかし、そうした既知のカテゴリーに依拠してこの本を読もうとする限り、患者の女性の訴えはナンセンスな話にしか思えず、今日の医学では理解不能であった。

そこでドゥーデンは、女性患者の内部にある不可視の身体体験に接近するためには文化的先入観を捨てることが必要だと考え、この本を史料として女性自身がもっていた自分の身体に対するイメージを歴史的に研究するために、思い切って身体=自然/社会的環境=歴史という境界線を越えることにした。彼女が史料=テキストに記された症例を意味群へと分解し、「原理」を見いだすことによって解読していくと、秩序ある世界が立ち現れてきて、独自の文化に刻印された女性患者の生の身体が再現された。ドゥーデンは、自然なものだと考えられていた身体が、歴史的には、われわれの用いる言葉では描けない文化的構築物であることを示したのである。

ドゥーデンによれば、一七〜一八世紀には、女／男の差異に性徴は決定的ではなかった。男女の違いは、女性が血液ないし母乳などの体液を周期的に排出するのに対し、男性は金脈(痔)や鼻血という形で不定期に排出することにあった。金脈は月経の類似物として捉えられていたし、妊娠は月経とは結びつけずに、胎動で判断されていたのである。金脈と月経が類似物とされたのは、男女の身体をそれぞれ固有のものとは考えなかったワンセックス・モデルによるものであろう。

身体の客体化とその意味づけ

もとは哲学・思想の領域に属していた身体は、啓蒙の時代に育まれた自然科学的な知の枠組みで考察されるようになった。生理学や解剖学の発展によって、一八世紀後半には性的気質や性徴に関して抜本的な転換が起こった。まず子宮はもはや陰嚢の裏返しではなく、女性独自のもっとも重要な生殖器官だと考えられるようになった。しかし、性徴は生殖器官にのみ限定できるものではなかった。解剖学が、より詳細な性差の描写を行ったのである。そして、以前のワンセックス・モデルに代わって、あらたに絶対的な性差を強調するツーセックス・モデルが登場した。

以前は男性を描いて完全な身体の骨格図とされていたが、一七五九年にフランスの女性解剖学者マリー＝ジュヌヴィエーヴ＝シャルロット・ティルー・ダルコンヴィル（ただし出版は男性の名で行われた）の描いた男女の骨格図が登場した。彼女は女性の肋骨の狭さと骨盤の広さを強調し、頭蓋骨を男性よりも小さくすることによって男女の違いを描いた。男性の頭蓋骨の大きさは、知性を示していた。これに対し、一七九七年にドイツのサミュエル・トーマス・フォン・ゼンメリンクが描いた女性骨格図（図4上）では、骨盤と肋骨の性差はそれほど強調されていない。彼は正確に描いたと主張していたが、ダルコンヴィルとゼンメリンクの解剖図の優劣をめぐって起こった論争では、ゼンメリンクの「不正確」さ、すなわち腰部に対する肋骨の比率の大きさが批判された。

一八世紀後半から一九世紀初頭の時期は、第6講で紹介した「自然の性差」論とそこから導かれる性別役割分担の誕生の時期であった。男女の身体的な違いは、生理学による子宮の発見と骨格図による男女の対比によって「科学的」「客観的」に示され、これを根拠に自然の性差の構築が推進された。一九世紀に登場した男女の骨格図では、肩幅と骨盤と頭蓋骨の大きさ、それに骨の太さで男女が対照されていて、しかも男性の傍らには知的で戦う動物である馬が、女性の側には最大の卵を産むダチョウが添えられていた（本講扉参照）。男性は強靭で生産労働

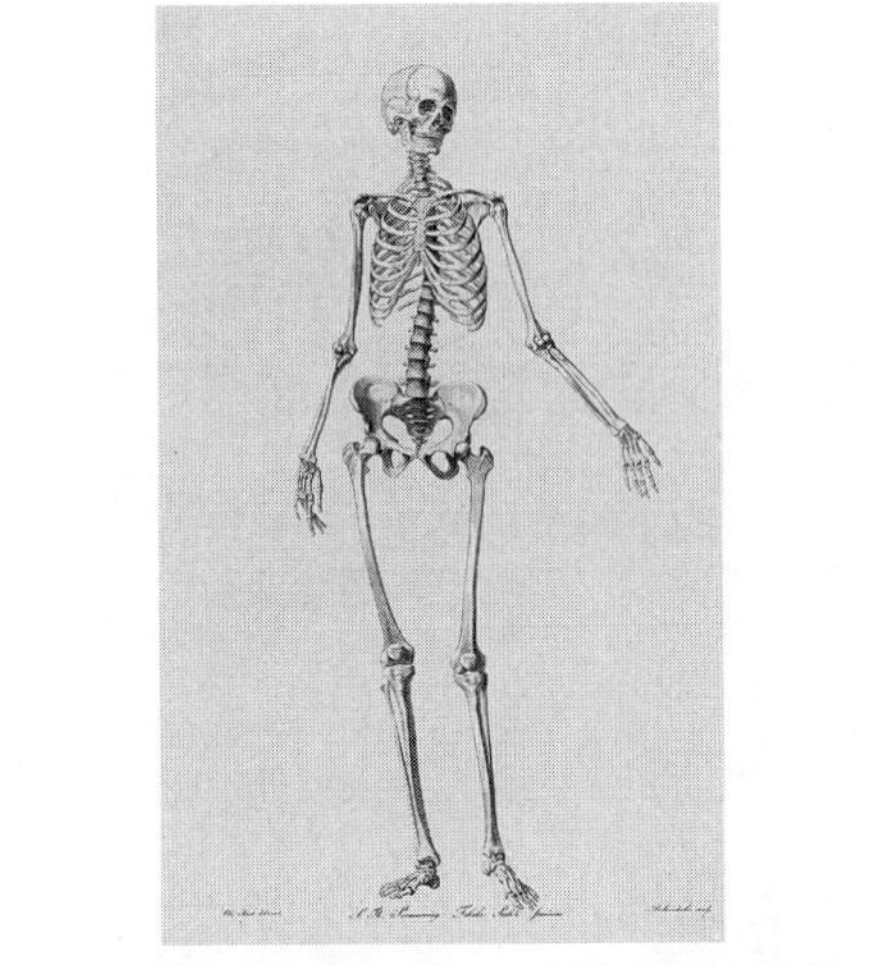

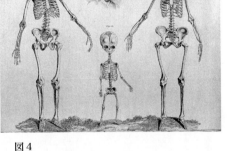

図4
上 ゼンメリンクによる女性骨格図(1797年)
下 「骨格人家族」(ジョン・バークレイの解剖学書, 1829年)

に適し、知的・理性的で、戦う性であるのに対して、女性は身体的にも精神的にも脆弱な産む性である、という意味づけがなされたのである。

頭蓋骨の性差をめぐる論争では、全身に対する比率から見れば女性の方が男性よりも頭蓋骨が大きいと指摘された。それゆえ、女性を知性と結びつけないためにも、頭が身体に対して大きい子どもが持ちだされ、女性は男性より子どもに近い、したがって未発達だという議論が展開された。成人の男性、女性、子どもの骨を比較した「骨格人家族《スケルトンファミリー》」の図(図4下)では、子どもと比較した女性の骨盤の大きさも強調され、女性は生殖機能をのぞいては子どもと同類だとされたのである。

生理学や解剖学による男女の絶対的違いの発見にもとづくツーセックス・モデルの形成は、科学の進歩の結果というより、むしろ男女に関する認識の変化、つまり当時のジェンダー観の反映であった。その意味で、身体=セックスは決して所与のものではなく、ジェンダーによって構築されたのである。

人種概念の構築とアフリカ人女性の身体への観察眼

啓蒙の時代には人間の身体的特徴が、観相学、骨相学、解剖学の観点から「科学的に」把握され、分類された。世界各地の人間が人種概念で区分され、それぞれの人種の身体的特徴が精神的・性格的特徴と関連づけられたのである。その結果、白人はもっとも美しく知性的な人種として、対照的に黒人は醜く劣等な人種としてヒエラルキー的に差異化された。また第10講で述べる文明／野蛮の区分に関しては、文化の発展段階と民族の状態が関連づけられ、啓蒙されたヨーロッパを頂点に、黒人と猿との類似性が持ち出されるような文明観が構築された。

ポストコロニアリズム（第10講参照）の視点で書かれたバーバラ・チェイス＝リボウ『ホッテントット・ヴィーナス――ある物語』は、こうした啓蒙時代の人種観とジェンダー観が交差するなかで、文明・男性という支配主体によって、その身体が徹底的に客体化されたコイコイ族出身の実在女性サラ・バールトマンの物語である。

傍若無人な植民地勢力のオランダ人やイギリス人によって父や母、そして夫も銃殺されたサラは、彼女で一儲けしようとする男の結婚話を信じて、一九世紀初頭に南アフリカからイギリスにやってきた。サラは「ホッテントット・ヴィーナス」という呼び名で、「人類のもっとも原始的な段階の本物の見本」という売り文句の下にロンドンで見世物にされた。「野蛮な黒人」のなかでも臀部が突出し、エプロンと称された性器が西洋男性の垂涎の的になっていた「ホッテントット」は、生命の「存在の連鎖」のなかで動物と人間との間に位置する「失われた環」

だとみなされ、サラの身体は観客の好奇心、嘲り、憐れみの対象となった。

売られてパリに渡った彼女は、高名な博物学者で、頭蓋骨の顔面角の計測値を精神発達の指標とする観点から人種の発展度合いを研究したジョルジュ・キュヴィエの関心の対象となった。彼はヨーロッパ各地の学者を集め、彼女を標本として、彼女と、もっとも下等な人種とされた黒人と、類人猿のオランウータンとの比較を目的とする比較解剖学の講義を行った。彼がもっとも関心をもったのは、「ホッテントットのエプロン」の謎を解くことだった。彼はそれを、動物起源の痕跡であり、進化した性的抑制のきく人種とは異なる劣性と獣性、野蛮の証明とみなしていたのである。しかしサラは、全身全霊をかけてエプロンを見せることに抵抗した。サラはまもなく、つらい日常を忘れるために飲み続けたアルコールとモルヒネによる中毒、そして肺結核のために死んでしまう。彼女の遺体はキュヴィエに売られ、彼は念願のサラのエプロンを解剖してホルマリン漬けにし、パリの人類博物館で保存したのである。

この「物語」には、人間の身体を「科学的に」捉えようとした啓蒙の時代に、西洋が非西洋女性の身体に向けたまなざしと、その背景にある西洋中心の立場から非西洋の世界を構築するという啓蒙の影の部分がリアリティ豊かに再構成されている。

2　性・生殖の歴史研究

性・生殖研究のテーマ化

中絶の合法化は、一九七〇年代欧米フェミニズムの最大のテーマだった。女性たちは、「産む、産まないは女が決める」というスローガンを掲げて生殖をめぐる女の自己決定権を要求した。この運動は人口論のパラダイム転換を促し、一九九四年に国連がカイロで開催した「国際人口開発会議」で、リプロダクティブ・ヘルス／ライツ（性と生殖に関する健康／権利）の促進と女性のエンパワーメントを推進する行動計画が策定された。その過程で、性や生殖をめぐる女性の主体性を歴史のなかに探る研究が、新しい女性史の一つの研究テーマとなった。他方で第5講に述べたように、日常性から全体史にせまろうとするフランスのアナール派社会史は、生、死、性、医療などに関する心性を研究テーマとして取りあげ、それらの変化の歴史を権力問題から切り離さずに問うていった。このアナール派の研究に刺激され、日本でもすでに一九八〇年代にヨーロッパの出産をめぐる研究が開始されている。

新しい女性史が重視したのは、性・生殖をめぐる女性共同体の中核的存在で、伝統的な女性の医療文化の担い手だった産婆であった。それは、一九七〇年代から八〇年代にかけての女性の価値の再評価の動きとも関連していた。産婆は分娩の介助をするだけではなく、薬草や民間医療についての知識をもち、避妊、堕胎、嬰児の処分などにも関与していたため、後に失われていく伝統的な幇助や治癒に関する女の体験知や女の力の具現者とみなされたのである。また産婆は、出産を介助するために集まっていた女性たちの面前で、新生児に対して民俗宗教的な神秘的儀礼を行うこともあった。

一六世紀への転換期頃から出産の世界に関与してきたキリスト教は、とりわけフランスやドイツで、こうした民衆儀礼や産婆のもつ知や技法を敵視し、彼女たちを、健康に影響を与える魔力の持ち主、すなわち魔女として排斥した。魔女狩りと同時にキリスト教は、産婦や子どもの命を助けるために全力を尽くすことを誓約し、教会の認可を受けた信仰心をもつ産婆のみを、教区産婆として承認した。キリスト教会は、教会の意を受けた敬虔な産婆を出産の場に送り込むことで、人びとの意識や死生観をキリスト教的なものに変革し、教会秩序を浸透させていこうとしたのである。

出産の歴史は、この一六世紀から一七世紀にかけてのキリスト教化という第一の転換点に続いて、一八世紀後半の啓蒙の時代には、国家介入による医療化という第二の転換点を迎えることになった。内科医や外科医はすでに一六世紀から出産の場に立ち会うこともあったが、本格化したのは一八世紀後半以降であった。この時期から医師や外科医の指導による助産婦養成教育が開始され、一七七〇年頃からは講習の受講が義務づけられる地域もあり、受講生は終了時に試験を受けて免状を交付されることになった。教育の重点は、産科理論、解剖学的・生理学的知識、難産のさいに必要な処置や器具の扱いの習得であった。試験や教育の実施方法は支配地域によって異なっていたが、従来から開業している産婆にも試験を受けさせて、能力審査が行われることもあった。全体として伝統的産婆を助産婦免状を持つ近代的な産婆に置き換えて、彼女たちを産科医や外科医に従属させる形での制度化が図られたのである。支配者たちは、産婆をもはや副業的な出産介助者ではなく、重要で責任ある職業に転換しようとしたのである。

産婆の任命をめぐる男性権力者と女性たちとのせめぎ合い

産婆のキリスト教化や講習を受けた免状取得助産婦への移行は、直線的に進んだわけではなく、村落の女性たちの激しい抵抗に直面した。というのも、村落の既婚女性および寡婦は伝統的に教区の産婆を必要に応じて選挙によって自分たちで選ぶことができ、一八世紀になって当局や聖職者が産婆の選出に介入するようになっても、ドイツ語圏のほとんどの地域では、同世紀の半ばまで産婆を選ぶ権利が女性の唯一の公的な権利として認められていたからである。一七七〇年頃からの産婆をめぐる状況変化にあたっても、多くの地域で女性たちが産婆を選ぶ慣習が一九世紀になっても続き、二〇世紀初頭まで存続していた地域もあった。

聖職者が教区の産婆候補者を選んだ場合、たとえ彼らに地方政府から公的な産婆任命権が委ねられていても、女性たちは抗議活動を行い、請願書の提出、不服申し立てや訴訟まで行って、男性の手による産婆任命を阻んでいった。女性たちは、あくまで自分たちで産婆を選ぶことに固執したが、その背景には、免状をもつ新しい産婆による出産介助や、その背後にいる医師や外科医への不信感があった。実際、外科医は分娩時に鉗子の使用によって、子どもや母体を傷つけ死に至らしめることも多かった。権力者の男性が産婆の能力を問題にするのに対して、女性たちは安心してお産ができて母体を保護しながら難産にも対処してくれる産婆との信頼関係を重視していたのである。

彼女たちにとって産婆を選ぶことは正当で直接的な女の権利であり、これを通じて教区の公的空間に参加している、と考えていた。自分たちの関心事に対して、自分たちの秩序という観点から発言したのである。産婆への投票は、自分たちが以前のように誠実でよき秩序を作るということの表明であった。彼女たちは、独断で産婆を任命する聖職者や、投票を操作し正当に選ばれた産婆の就任を阻止する当局関係者、そして誤った所見を述べる外科医を権力や暴力を駆使する不当な行為者とみなし、そうした男性権力者による横暴に対して、彼女たちの政治的・身体的な権利の完全な回復を求めたのである。

フランス革命後には、あらたな健康改革が行われ、地方政府のもとで健康警察的な監視体制が整えられていった。産科医や外科医、産婆には認定用の教育証明書の提出と公式リストへの登録が義務づけられ、もぐりの開業者が摘発されていった。しかし、産婆に関しては、講習会受講者や試験合格者の人数があまりにも少なかったため、長年働いてきた産婆はとりあえず認可されて、その後に試験を受けることになった。ところが、一九世紀になっても地方政府はまだ管理体制を貫徹することができず、たとえばザール地方の村落では、講習も試験も受けずに非合法で村落内の分娩介助を担う伝統的産婆が半数以上を占めていた。

とはいえ一九世紀になると、一方での出産介助の実技を実際に経験して学べる産婆学校の設立と受講生への財政的支援を含む産婆の教育環境の改善、他方での非合法の出産介助人への締め付けの強化によって、よそものの産婆職就任に対する村落ぐるみの抵抗にもかかわらず、しだいに免状取得助産婦が職を得るようになった。それでも出産をめぐる女性文化は存続し、近代的な助産婦を受け入れざるを得なくなると、自分たちの村から候補生を学校に送ったのである。こうした女性文化が消えていくのは一九世紀の半ばからで、講習会受講生の選出には当局者の証明が必要になり、村の産婆の任命ももっぱら男性権力者が行うようになった。

日本での聞き取りによる産婆研究

アナール派社会史や女性学の影響を受けて、日本をフィールドとする産婆の研究も一九八〇年代からはじまった。この時期はまだ明治生まれの産婆や経産婦から直接話を聞くことが可能であり、彼女たちのライフヒストリーを基盤にした出産の社会史が描かれた。

明治期の産婆の制度化は、明治元年(一八六八)の産婆による堕胎や売薬の禁止という取り締まりからはじまった。明治七年(一八七四)の法規では、産婆と産科医の業務範囲が明確にされ、産婆は正常分娩しか扱えなくなって、薬剤、産科器械の使用も禁止された。各地方それぞれに制定、実施されていた法規が全国レベルで統一された明治三二年(一八九九)に「産婆規則」が制定され、続いて「産婆名簿登録規則」「産婆試験規則」が公布された。産婆を開業するには、二〇歳以上の女子で、一年以上産婆の学術を修業して地方長官の行う産婆試験に合格し、産婆名簿に登録していることが必要になった。近代医学教育によって養成された、免状をもつ新しい産婆が登場したのである。

新産婆の開業時には以前からお産の介助をしていたトリアゲバアサンがまだ健在だったので、聞き取りでは両者の共存について取りあげられた。上述のように一八世紀末のフランス、ドイツでは新産婆より伝統産婆の方が好まれる傾向があったが、一〇〇年以上後の日本では、両者の間には葛藤もあったものの、難産にも対処してくれる新産婆の技術が次第に信頼されるようになった、という。新産婆は、出産の状況を大きく変えていった。坐産を寝た姿勢の仰臥位分娩にし、分娩時の介助だけではなく出産前の診察を習慣化し、脱脂綿を使用するなど人びとに衛生観念をもたせた。産後の食事も、栄養という観点から変えていった。先に述べたように法的には医師と産婆の業務は分けられ、産婆には外科手術や産科器械の使用、薬の投与は禁じられていたが、医師の少ないところでは妊婦や新生児の命を救うために、こうした行為を行うこともあった。聞き取りに応じた新産婆たちの語りからは、自負心をもって自らの役割を果たしていたことが伝わってくる。革鞄をもち自転車にのって駆けつける、まさに新しい時代の象徴であった。

以前は堕胎の手助けもしていた産婆は、新産婆の時代になって、出産の国家統制の担い手となっていた。それでも、産みたくない、産めない事情のある妊娠、あるいは産む時期を早めたいという望みは存在した。戦争中の「産めよ殖やせよ」の時代でも、必ずしも政府の方針が貫徹されたわけではなく、産婆も「何とかならないか」という要請に応じる場合もあったようである。

日本での性・生殖をめぐる研究

日本では先述の新しい女性史やアナール派社会史の影響、また一九八〇年代に以前の近代を肯定的に捉える歴史観が問いなおされる(第2講参照)なかで、若干の民俗学的研究を除いて、なきに等しかった身体の問題が注目されるようになった。身体は、生物学的身体であると同時に社会的、文化的な身体であることが重視されるようになったのである。荻野美穂は一九八八年に、いまだほとんど手つかずのまま残されている身体、とりわけ性と生殖を歴史の基本的分析軸に組み込んでいくことの必要性を提起したが、その頃から、性・身体・出産・堕胎・間引きというあらたな研究領域が登場し、その歴史的変化に関して実証研究が積み重ねられていった。考察の中心となったのは、身体領域への医療・社会・国家介入にかかわる問題と、身体観の歴史的変遷である。

近世の性と生殖に関しては、沢山美果子が仙台藩と津山藩を例にして、一方での農民家族と町人家族の身体観および出産の風景と、他方での支配者側の出産への介入・管理をめぐる権力関係のせめぎ合いを描いている。仙台藩では文化四年(一八〇七)に堕胎・間引き対策のために赤子養育仕法が制度化され、出産が管理されるようになった。近世には堕胎・間引きが常習化していたと捉える研究が存在したが、沢山は、取り締まりの強化によって間引きは難しくなっていたと指摘する。しかし堕胎に関しては、胎児の死や死に至る状況が農民の申し立ても含めて克明に記録された「死胎披露書」という史料があり、妊娠七カ月、八カ月という段階での母親の病気や転倒による死胎が多く記録されているが、これは堕胎だった可能性が高いと指摘し、堕胎が依然として出産数抑制の上で重要な役割を果たしていたと結論づけている。ちなみに、この時期には農民たちの間で間引きを躊躇する生命観が存在し、堕胎の時期については産む身体の安全のために妊娠末期の方がよいとされていたのである。

妊娠末期での堕胎は、病気との区別が困難な「月水」(月経)の遅れではなく、腹の膨らみや胎動によって懐胎を実感していた女性たちの妊娠観とも関連していた。支配者である藩は、こうした女性の判断による堕胎を防ぐために懐胎届を提出させている。津山藩では天明元年(一七八一)以降、「赤子間引取締方申渡」によって妊娠四カ月での懐胎届の提出を義務づけるとともに、出産のさいに隣家が立ち会うなど共同体の相互監視による出産管理を制度化した。さらに藩は「経行」(月経)のない者は医師に診てもらうことを申し渡し、産む身体に医師を介入させる。医師は難産のさいや、流産、死体出産、赤子の死亡、産婦死亡の場面で登場し、これらが堕胎・間引きの結果でないことを証明する「容躰書」を作成した。しかし、こうした取り締まりは十分な効果を発揮せず、町や村ぐるみで堕胎・間引きの隠蔽がはかられ、医師や産婆も堕胎に手を貸していた。

こうした実証研究を基盤として、沢山は明治以降に西洋の近代国家をモデルとする生殖統制が開始されたとする近世と近代の断絶説を退け、近世・近代の連続性を主張する。近世にすでに国は人口の重要性に注目して産む身体に権力を介入させ、女性、家族、共同体、藩の間でさまざまなせめぎ合いが見られたからである。ただし、近代には共同体を媒介とする生殖統制はなくなり、警察権力や西洋近代医学の教育を受けた新産婆がその担い手となっていた。

3　L（レズビアン）G（ゲイ）B（バイセクシャル）T（トランスジェンダー）

同性愛に寛容な社会、処罰する社会

二〇〇〇年代の半ば以降、国連主導によるLGBTの権利保障の動きが活発化し、諸外国では同性婚を認める国が増えている。対応をせまられた日本政府は、当事者から強い懸念が表明

されるなど差別禁止にはほど遠い問題含みの法律とはいえ、二〇二三年六月に「ＬＧＢＴ理解増進法」を成立させた。同性愛の研究は、一九六〇年代から七〇年代前半のゲイ解放運動の流れを受けて比較的早い時期に開始されたが、当初は狭義の歴史研究ではなく、古代ギリシア・ローマの性と道徳を描いたミシェル・フーコー『性の歴史Ⅱ　快楽の活用』のように、思想史や文芸研究が中心だった。

古代ギリシアでは壺絵や壁画に求愛行為や性交シーンが描かれているように、セクシュアリティは肯定的に捉えられ、男性どうしの恋愛にも寛容だった。ただし、ポリス社会の支配体制である能動＝支配＝市民男性／受動＝従属＝女性・外国人男女・少年・奴隷という区別に抵触しないよう、市民男性はつねに能動側でなければならなかったため、対等性を損なう成人市民男性どうしの関係はタブー視された。彼らの求愛の対象となったのは一二歳から成人年齢に達する一八歳までの少年で、少年愛はポリス社会で重要な意味をもっていた。成人男性は少年をよき市民へと教育する役割も果たし、少年愛は男性の成長過程のなかに組み込まれていたのである。市民男性の少年愛に年齢制限はなかったが、市民の再生産のために嫡出子を設ける必要があった市民男性にとって、結婚は社会的責務であった。

日本で古代ギリシアの少年愛に匹敵するのは、社会的上位の立場にある武家男性と年少者との関係である。この関係は、戦国時代に武将が元服前の小姓を戦いの場にも帯同して身近においたことによって定着した。一七世紀半ばには、成人男性と元服前の少年との男色関係を示す「衆道《しゅどう》」という言葉が成立している。男色に道義(モラル)と作法が求められて、「道」になったのである。衆道は五代将軍綱吉の時代までは、武家社会で習俗化していた。また将軍や大名に寵愛を受けた小姓が出世して政治的な力をもつなど、男色が政治の手段となることもあった。実際、美少年好きの綱吉は男色関係にもとづく人事を頻繁に行っていた。ただ、こうした側近人事は批判の対象となって綱吉以降は廃止され、衆道も衰退していった。

キリスト教社会は性を厳しく管理し、性的関係を婚姻内での生殖目的に限定した。同性愛はソドミー(反自然的な性行為)として厳禁され、最初は悔悛という形で処理されていたが、一三世紀以降はしだいに刑が強化され、累犯者には火刑も導入された。ルネサンス期のフィレンツェでは「夜の部局」が設置されて一四三二年から局廃止の一五〇二年まで取り締まりが行われたが、これにより男性間の性愛の絆が社会に浸透していたことが暴かれた。

近世には処罰が厳格化され、一五三二年に制定された神聖ローマ帝国最初の刑事法典カロリナによって獣姦と同性愛に火刑が科された。男女の同性愛が対象となったが、実際に処罰されたのは男性同性愛だけだった。カトリック教会に代わって世俗当局(君主・市当局)が秩序維持の担当となり、臣民の規律化を図っている。魔女狩りが盛んだった一六世紀後半から一七世紀前半には多くのソドミー罪も摘発されたが、法の適用にあたっては地域間の差が大きかった。

近代社会での同性愛とその社会問題化

一八世紀の啓蒙時代になると、ソドミー罪は処罰すべきではないという意見も聞かれるようになり、刑罰も軽減された。近代フランスの刑法では同性愛は犯罪視されなくなったが、一七九四年のプロイセン一般ラント法では、刑罰は軽減したものの、獣姦と同性愛は完全に根絶されるべきとされた。一八七一年成立のドイツ帝国刑法典はラント法を継承し、一七五条で男性間あるいは男性と獣との間でなされる自然に反する淫行を禁固刑に処すると定めた。近代以前も主に男性間性交が処罰の対象となったが、女性間性交が容認されていたわけではない。しかし、近代の法律では明確に男性どうしの性行為のみが取りあげられ、社会的影響力をもたない女性間の性は無害と考えられたのか、女性間の性愛は無視されていた。

一八六九年に、医師カール＝マリア・ベンケルトが同性間性交を説明するための概念として用いたことによって、「同性愛(homosexuality)」という用語が誕生した。同性愛との差異化をはかるために「異性愛(heterosexuality)」という用語も生まれ、異性愛＝正常／同性愛＝異常と非対称化して捉えられた。この時期に情愛共同体としての近代家族（第5講参照）が浸透していくのと並行して異性愛規範が確立し、同性愛が可視化されると同時にタブー視され、差別や抑圧の対象となったのである。

男性同性愛が政治と密接に関わるという例は、二〇世紀への転換期のドイツでも存在した。ドイツ皇帝ヴィルヘルム二世は、有能な外交官オイレンブルク伯との親密な関係によって政治体制を維持していた。オイレンブルク伯の所領では、彼と同性愛も含めて私的な関係にある重要な政治家、軍人、外交官などの「リーベンベルク円卓」と呼ばれた集いが開催され、その場で宰相人事が行われるなど、公的な政治の行方が決定されたのである。しかし、有名人の同性愛がスキャンダル化していた当時、オイレンブルク伯のリーベンベルク円卓もスキャンダルにさらされ、同性愛を暴かれた彼は凋落していった。

一方、刑法一七五条制定の時期には、同性愛解放への動きも登場していた。ベンケルトは自身が同性愛者であることを公言し、同性愛を第三の性として、その自然さを強調し、同性愛解放運動の先駆者となった。カミングアウトこそしなかったが、医師で社会民主党員のマグヌス・ヒルシュフェルトは一八九七年に「科学的ヒューマニズム委員会」を立ち上げ、一七五条撤廃のために尽力した。第一次世界大戦時には、男だけの結びつきを享受でき、男らしく名誉ある死を迎えられる、という理由で、多くの同性愛者が自由意志で軍務に服した。戦後のヴァイマール共和国では、中絶解放や母性保護など他の性に関する問題とも連携しながら同性愛の同権に向けた運動が展開され、議会で一七五条の廃止が検討されるようになった。一九二九年には男性どうしの性交渉を容認し、あらたに未成年誘拐、売春に罰則規定を設けるという刑法改正案が議会の審議委員会で可決されたが、ナチが台頭するなかで、解放の灯は消えていった。

ナチズムと同性愛

周知のようにナチは同性愛者を迫害し、同性愛者は強制収容所に送られ、命を失った者も多かった。ただし、レズビアンだと疑われた女性は監視下には置かれたが、更生すれば健康な子どもを産めると考えられたため、抑圧はされなかった。ナチが同性愛を取り締まった根拠は、一、生殖阻害、二、青年誘惑、三、徒党形成、四、風紀紊乱である。

ナチは一九三三年の政権掌握後ただちに政令を出して同性愛の弾圧に努めたが、本格的な迫害がはじまったのは、三四年に同性愛者のエルンスト・レームが指導者だった突撃隊が粛清されてからである。戦闘的な男性結社を自認するナチは、たとえばエリート男性組織である親衛隊に女嫌いの風潮が広まり、「同性愛の温床」となることを恐れていた。そのため三五年には刑法一七五条が厳格化され、構成要件が拡大されて性交類似行為が含まれるようになり、刑罰が強化された。その後、逮捕者の数が劇的に増加している。三六年に親衛隊全国指導者のハインリヒ・ヒムラーが警察を掌握すると迫害はさらに強化され、一〇月には、同性愛者の登録・逮捕の任務を遂行する「同性愛・中絶撲滅帝国本部」が設置された。同性愛と中絶の二つを同一機関で取り締まったのは、民族の再生産にかかわる問題だったからである。三九年以降は、同性愛者の強制収容所への移送も合法化された。それでも絶滅が企てられたユダヤ人とは異なり、ナチ政権下で有罪判決を受けた同性愛者のうち収容所送りになった者は一〇〜三〇%で、死亡者はもっと少ない。同性愛者の組織的な抹殺が図られたわけではなかったのである。

その理由の一つは、同性愛は「遺伝的」なものではなく、発達過程での誘惑による伝染性の悪疫だと捉えられ、「治療可能」だとみなされたからである。しかし、ナチ当局者はより苛酷な方法が必要との認識から、罰則強化による抑止と収容所での労働を通じた矯正を実施した。収容所では偏見が蔓延し、別のカテゴリーの収容者が同性愛の疑いをもたれないように接触を避けたため、同性愛者は孤立させられていた。また政権末期には障害者などの「遺伝病」に実施されていた断種が危険な風紀違反にも適用されて、同性愛者の去勢も行われた。容赦のない激しさで同性愛を撲滅するという方針のもとに死刑も導入されたが、「治療可能」という見解も存続し、刑は一貫して実施されたわけではなかった。

女性史・ジェンダー史は、「私的なもの」「不変的なもの」として従来の歴史研究では視野に入らなかった身体史というジャンルを開拓して、歴史の考察範囲を拡大した。身体史研究は、身体の捉え方と身体をみるまなざしが文化的な刻印、さらに政治性を帯びていたことを明らかにした。近代科学が登場した啓蒙時代には、白人・男性の観点から身体の性差、民族・人種間の身体の差異が構築され、それらが歴史の行方に決定的な影響を及ぼしていく。女性史・ジェンダー史からの身体史研究は、私的問題と公的問題との連関に注目することによって政治の範疇を拡大し、身体やセクシュアリティと政治との密接な結びつきを示したのである。

第8講
福祉

第一次世界大戦中に，就労する家族の乳幼児を預かるカトリックの保育施設(1914年)

1　福祉研究へのジェンダー視点の導入

単線的モデルから福祉複合体へ

福祉活動への女性の参加は、一九七〇年代後半に新しい女性史研究(第2講参照)がはじまった当初からテーマ化された。家庭を含めて普通の女たちの歴史上の活動を探求するようになった新しい女性史研究の担い手たちは、ミドルクラス(市民層)の女性たちが博愛精神を発揮して貧民に施しを与えたり、慈善活動に参加するという形で社会活動に携わっていることに注目したのである。また早い時期から研究が進んだ女性運動の分野でも、女性の社会参加を切り拓く道程として福祉が取りあげられた。

他方で、従来の福祉研究は国家福祉が中心であった。福祉の歴史について、一九七〇年代までは、前近代の共同体や宗教団体による慈善活動から、近代国家による福祉政策へという、単線的な発展モデルが描かれていた。新しい女性史研究は女性というカテゴリーの導入によって福祉の考察範囲を広げ、家族・親族による支援、教会・宗派や地域社会の援助、チャリティ、ボランティア団体の援助などを可視化し、福祉における単線的な発展モデルからの変化を促した。他にも相互扶助組織、商業保険会社、企業、自治体、国家、超国家組織など多様な福祉の担い手が明らかにされ、八〇年代には、これら自助、互助、チャリティ、公的救貧(国家福祉)が多元的に絡み合いながら福祉を構成する「福祉複合体」という見方が重要になった。

この見方によって、国家福祉の観点だけでは抜け落ちてしまう女性の活動が浮き彫りにされたばかりではなく、女性が福祉において占める位置や役割、男性との間に引かれる境界線、ジェンダー観やジェンダー規範の福祉への埋め込みなどが明らかにされた。たとえば、労働する者たちの相互扶助組織として一八世紀後半に大規模に発展し、労働組合の隠れ蓑ともなった友愛組合は、疾病や失業、死亡などへの備えを提供した。ただし、組合組織を結成したのは男性どうしの連帯を重視する自己の熟練に自信をもつ男性成人労働者だった。彼らは組合に「男性的な性格」を刻印しようとし、自分たちの力だけで相互に助け合えるという自助による「市民」としての「自立」を誇りにしていた。したがって、その基準に合わないとみなされた女性や下層労働者は組合員から排除されることが多かった。こうした状況が変化するのは、女性運動がはじまり、労働組合自体が組織強化のために女性や年少者の取り込みをはかる一九世紀末のことであった。

ちなみに友愛組合は、とりわけ初期には労働者による組合費以外にもチャリティの一環として外部からの後援を受ける場合があった。イギリスでは慈善活動の広がりのなかで女性独自の組織も誕生した。一八七四年にミドルクラス女性の呼びかけによって女性労働者を組織化して教育と自助を促進する「女性保護共済連盟」が作られ、病気や失業時の基金提供も課題の一つになった。

イギリスのチャリティ

困窮している他者に援助の手を差し伸べるという形の慈善は、世界各地で普遍的に存在している。なかでもイギリスでは、一七世紀末から民間非営利の弱者救済活動であるチャリティが盛んになり、イギリスをイギリスたらしめる、と言われるほど深く社会・文化のなかに根付いていった。一六〇一年に救貧法が成立し国家福祉としての救貧がはじまっていたが、一方でチャリティは「最後の拠り所」であった公的救貧をはるかに凌駕する広がりをもち、貧民救済で決定的な役割を果たしていた。慈善と国家福祉は並存していたのである。

チャリティには、与え手個人から受け手個人へという個人型の施し、自発的に結社して大規模な救済を行う篤志協会型、先述の友愛組合後援型、遺言者の財を遺贈する信託型、ミレーの絵画に描かれた落ち穂拾いなどのように共同体が中心となって行った慣習型、という五類型があり、そのいずれにおいても女性、とりわけミドルクラスの女性が関与し、女性独自の活動も展開した。過去において感じられ、表現された感情を扱い、感情が歴史に与えた影響とその変化を問う感情史によると、啓蒙時代の一八世紀後半以降、共感が社会的美徳とされ、同情、憐憫、慈愛に道徳的な価値が付与されたことも、チャリティ活動に拍車をかけた。

チャリティでは有志からの寄付が資金源となる。自らの稼ぎがない女性も家計のやりくりや小遣いから捻出して寄付をしていたし、富裕な寡婦による一括寄付や信託遺産を合わせれば、女性の寄付金比率は一定の割合になる。さらに女性たちは、父親や夫に寄付を働きかけていた。王家、貴族や大地主などの上流階層の女性たちも、パターナリスティックな観点から伝統的に慈善活動を続けてきたし、近代のチャリティにも積極的に関わっていた。

篤志協会は工業化の進展によって社会問題が頻出した一九世紀に急増して、もっとも目立ったチャリティ活動を行い、目的を掲げて集めた寄付金で運営されていた。その協会のための募金活動の主な担い手は女性で、教会での献金の呼びかけ、個々の家庭訪問、晩餐会や音楽会などのイベントやバザーの開催などによって資金を集めた。ミドルクラスの女性はチャリティの実践活動において大きな役割を果たし、貧困家庭や救貧院、医療・教育施設、さらに刑務所までも訪問して状況に応じた援助をしたり、信仰・道徳を説いたりした。自分たちにとっては異世界で治安の悪いスラムにも、危険を顧みずに出かけていた。近代のチャリティでは、文字通り女性が手足となって活動を支えていたのである。「女性は家庭」というジェンダー規範の存在にもかかわらず、こうした家庭外での女性の活動はむしろ推奨されていた。異なる階層を対象とする活動については、母親の子に対するような関係だと、ジェンダー規範の枠内で容認されたためである。

チャリティの受け手としての女性は、救貧以外にも出産や看護に関わるものや孤児関連、売春婦関連の支援を受けた。多くの産科病院や施療院、孤児院が建設され、収容施設が設置された。こうした活動は他の国でも行われていたが、イギリスのチャリティの幅広さや特徴を示すのは、たとえば「ガヴァネス互恵協会」である。ガヴァネスとは住み込みの女性家庭教師で、ミドルクラスの女性が品位を落とさずに就くことができる仕事であったが、供給過剰で低賃金だったため貯蓄もできず、病気や老齢で、しばしば困窮に陥った。協会による彼女たちの支援にあたっては、ミドルクラスとしての体面が保てることが重視されたため、比較的手厚い給付を受けることができた。また海運・海軍大国のイギリスでは海難も多く、船員の家族は海洋関連の協会によって救済された。

人道的見地を抜きにしてチャリティは考えられないが、チャリティは単なる施しではなかった。「物乞い撲滅協会」が結成されるなど、「救済に値する者」を選別し、「自助」ができるよう、そして社会にとって有用な人間になるよう、その環境を整える形の支援をしていた。出産支援や孤児院は次世代の勤勉な労働力の確保、海洋協会は船乗りの育成を目指していた。チャリティは、たとえば出産支援の対象を既婚女性に限定し、未婚女性を排除するなど、ミドルクラス的な理念や道徳、ジェンダー規範に則って行われた。売春婦「救済」にあたっては、売春に駆り立てられる女性たちの事情や買う側の男性の責任は一切考慮されず、彼女たちは公衆道徳の保全のために街角から消えるべき「淪落」した存在として扱われたのである。

こうしたジェンダー規範はイギリスに限らず、近代工業国に共通の福祉の枠組みを形作る基軸となっていた。福祉の受給者と担い手の双方に課されていたジェンダー規範、女性の社会活動に対する男性側の反応、さらに福祉活動を通じた女性と社会の関わりの変化については、後で繰り返し言及することになるので、そのさいに、あらためて取りあげたい。

啓蒙期ドイツの救貧活動

一八世紀後半から一九世紀初頭にかけての啓蒙の時代に、ドイツの新しい市民層（ミドルクラス）は協会を結成して、経済的条件の改善や貧民救済といった公共の福祉のための活動を開始した。こうした協会の目的は、貧民に従来のような博愛精神で施しを与えるのではなく、イギリスのチャリティと同様に、経済状況改善のためになる教育を授けて、自立による貧困撲滅を目指すことであった。

そのために、たとえば「祖国産業促進協会」が結成され、男女ともに会員となったが、両者の意図や活動内容は異なっていた。男性は、産業の発展や自助精神の育成といった啓蒙的な経済・社会政策の推進を通じて都市貴族や市の参事会、教会などが掌握していた都市行政や福祉政策で政治的影響力を獲得することを重視したし、実際に発言力を強めていった。また自分たちこそが、従来の慈善の担い手に取ってかわる公共の福祉の保護者だという自負心を強めていった。女性の方は、目立たないが必要な実務を担った。彼女たちは啓蒙精神による福祉の刷新という観点からではなく、祖母や母の世代の社会的慈善への関わり方を踏襲し、家の労働の管理責任者としての従来の責務の延長線上で、市民の主婦の務めとして博愛精神を具現しながら家庭外での貧民救済に取り組んでいた。それゆえ啓蒙的な福祉では好ましくないとされた施しを与えることさえあった。したがって彼女たちは公的空間への女性の進出など、新しい活動分野の獲得という考えはもっていなかった。

協会は寄付金によって少年向けと少女向けの産業学校を設立し、読み書き、計算や道徳を教えた。そして少年には手に職をつけさせて独り立ちさせるための技能教育の実施が、少女には主に針仕事に従事させて働き者の母親や有能で勤勉な家事使用人の養成が、もくろまれたのである。少女用の学校ではシャツ、靴下、帽子などが製造され、販売された。教育を受ける少女たちの選定や、作業素材の調達と製造品の販売は、市民層の女性たちの担当だった。彼女たちは教師の役割も果たしたが、監視や監督が中心で、たびたび学校を訪問して少女たちの身体・精神状態に気を配り、生徒を褒めたり叱ったり、優秀な生徒を表彰したりしていた。彼女たちは貧者に対して、勤勉、風紀遵守、実直な態度、質素倹約、秩序の維持、両親や雇い主に対する忠誠や従順といった徳を身につけさせようとしたが、この試みが成功することは非常に稀であった。

2　福祉活動の出発点としての戦時福祉

ナポレオン戦争期の戦争支援

第6講では戦争が男性性を強調する契機となったことを述べたが、福祉の歴史においても戦争は女性の社会活動に関する重要な転換点となった。一八一三年のプロイセンによるナポレオンへの宣戦布告にさいして、女性たちは家庭に留まったわけではなく、愛国的な福祉活動を展開して祖国のために熱心に活動した。祖国の運命を担い、祖国のために献身するという目的は男性と同じであったが、女性たちは男性とは別個に女性協会を形成して、「女性にふさわしい」とされる分野での活動を展開した。福祉の分野でも、戦争はジェンダー化の推進力となったのである。

兵士たちの装備をまかなうために、女性たちは、募金活動や貴金属などの供出物品の収集、バザーの開催による資金集めを行い、靴下編みや腹巻き作り、下着、シャツ、軍服の縫製といった兵士の身支度を整えるための支援をした。そのさいに彼らを戦いへと鼓舞することも女性の重要な役割だった。野戦病院や負傷者収容施設での傷病兵の救護は女性協会の重要な任務となり、感染症を患うこともあるなど文字通り命がけで祖国への奉仕活動を行った。女性たちは施設の運営にも携わって、医薬品や食料、生活必需品の調達、在庫管理や簿記と、さまざまな業務をこなした。そして後の継続的な福祉活動との関連で重要になる出征家族、寡婦や孤児となった遺族の世話も、女性協会が行った。プロイセンだけでも、最小一〇人、最大四〇〇人以上の会員数の女性協会が四一四あり、祖国のための女性たちの活動は、規模においても社会的影響力においても男性の愛国協会を凌駕していた。

ナショナリズムが高揚した時期に、女性たちは祖国への奉仕という大義名分を得てはじめて愛国的な活動に従事し、ジェンダーの境界線を越えて社会空間に参入した。とはいえ、彼女たち自身はジェンダー秩序を遵守し、日頃家庭で夫や子どもにしている世話や献身を祖国のために行うだけだ、と考えていた。家庭の外に出て活動したとはいえ、彼女たちはジェンダー化された領域と役割の範囲を逸脱せず、女性なりのやり方で祖国の不可欠の一員であることを示し、むしろジェンダー化された国民《ネイション》の構築と強化に寄与したのである。

こうした女性の活動は、祖国愛への神聖な衝動にかられたからだと評価された時期もあった。しかし、戦時中からすでに女性の自律的な活動に脅威を抱く男性たちが多かったし、戦後はますますジェンダー秩序への抵触という声が大きくなった。兵士家族への接触を契機にして、戦後も継続的に貧民救済事業を続けたかった一部の女性たちの望みもかなわず、ほとんどの女性協会が解散した。

愛国女性協会

ドイツであらためて女性協会による継続的な福祉活動が開始されるのは、ドイツ統一の気運が高まり、政党や労働運動、組織的なフェミニズム運動が登場し、社会対立が激化していった一八六〇年代後半のことだった。ドイツ統一戦争時の戦時福祉は、後の女性による福祉活動拡大のレールを敷くことになる。六六年の普墺戦争を契機に、戦時の女性たちの救護・福祉活動を平和時にも恒常的に維持するため、赤十字の理念を支持していたプロイセン王妃の呼びかけによって「愛国女性協会」が結成された。七〇～七一年の普仏戦争では、この協会が女性の戦時支援の実践部隊となってナポレオン戦争時と同様の活動を展開したが、軍隊や赤十字と密接に結びついていたため活動範囲は拡大し、前線や軍隊関連まで含まれていた(図5参照)。また遺族に関しても、ナポレオン戦争時よりはるかに手厚い支援が戦後も継続して行

図5　普仏戦争(1870-1871年)で兵士のために包帯を送る「愛国女性協会」の人びと

われ、残された家族の女性たちに縫製作業を委託するなど生計のための手段も提供した。

「愛国女性協会」は普仏戦争後も、救貧、自然災害や病気で苦しむ人びとの援助、家事支援などの福祉活動に従事し、ドイツ帝政期に存在した数多くの女性協会のなかで最大の会員数を誇った。皇后や領邦君主夫人の庇護を受け、貴族や軍部高官などの社会的エリートの妻が幹部職を占めていたことに示されるように、「協会」は愛国的で王・皇帝への忠誠を信条とし、既存の統治体制と君主制の維持・強化に貢献しようとした。「協会」はパターナリスティックな観点から母子保護や結核撲滅などの救貧活動や労働者女性のための家政教育に熱心に取り組んだ。国力増強のための健康な子どもの確保、窮状の緩和による社会的秩序の維持、そして労働者女性を慎ましくて従順な妻・母に仕立てて彼女たちへの社会主義系組織の浸透を防ぐことなどが、その目的であった。その意味で、たとえ「協会」が自分たちの組織を階級闘争や政治的な対立の彼方に存在する、もっぱら人道的なものとみなしていたとしても、きわめて政治的な組織であった。ちなみにカトリック系を例外として、この時期にはもはや階層横断的な女性協会の結成は不可能で、あらゆる女性組織が多かれ少なかれ政治的色彩を帯びていた。

「協会」は、家庭外での自分たちの活動が社会的に意義のあるものとして認められることを願っていた。しかし、女性の地位向上は目指さず、まして政治的権利の獲得など論外だと考えていた。彼女たちは、奉仕し、支援し、祈るという彼女たちの考える理想の女性像に従い、ケアと配慮という家庭内での役割の延長線上で家庭外での福祉活動に取り組んだ。夫たちにとって妻のボランティア活動は名誉なことで、しかも「女性は家庭」という規範の維持・強化に貢献するものだったので、妻の社会活動には異議は唱えず、むしろ後ろ盾となった。女子教育の改善や女性の職業進出には消極的だった「協会」は、祖国防衛にとって重要な看護だけは例外として看護教育や看護の職業化に尽力したが、それは看護が祖国における男性の兵役に匹敵する女性の義務だと考えたからである。このような形で愛国的な「協会」はケア、すなわち福祉と看護を基盤にしながら家庭外でも女性の居場所と任務を獲得し、国民のジェンダー秩序のなかでの女性の役割を、家庭の守り手から社会でのケア活動へと拡大していったのである。そして政治性を帯びた福祉活動は、政治的権利の獲得には断固反対であっても、女性に政治的関心を持たせ、女性の政治化の触媒となったこともまた否定できない。

日本の愛国婦人会と福祉活動

日本でも、女性の福祉活動の端緒は戦時福祉と結びついていた。その主役となったのは、北清事変（義和団の乱、一九〇〇年）を視察した奥村五百子《おくむらいおこ》が兵士救護や遺族支援の必要性を認識し、軍部や政治家の支援を得て明治三四年(一九〇一)に女性軍事援護団体として設立した「愛国婦人会」である。ドイツの「愛国女性協会」のメンバー構成に類似して、皇族の参加を得、華族夫人が発起人に就任し、府県知事をはじめとする有力政治家の妻など名望家夫人が参加した。赤十字とも密接に連携していた。会員数は、創立時の一万三〇〇〇人から、日露戦争(一九〇四〜〇五年)後には七〇万七〇〇〇人と飛躍的に増えている。

当初は兵士が後顧の憂いなく戦えるように、弔慰金の収集が主な課題だったが、「愛国婦人会」は大正六年(一九一七)に定款を改正して、軍事救護の枠をこえて平時にも存在意義を発揮できる「一般社会事業」にも着手するようになった。今井小の実『福祉国家の源流をたどる』によると、この改正には、同年に成立した軍事救護法が関係している。この法律は、傷病兵とその家族や遺族に対する国家扶助の義務を定めたものであり、内務省の発案によって、現金、現品給与の他に、救護に生活扶助、医療が加えられ、さらにそれらの事業の民間委嘱への道を拓いたものであった。そのさい念頭にあった委嘱団体の一つが、「愛国婦人会」である。婦人会とはいえ、この団体では府県知事が顧問を務め、主事、参与として多くの男性が参加し、支部の女性役員の序列も夫の地位にしたがって決まっていた。それらの男性のなかには内務省関係者もいたので、「愛国婦人会」は救護法制定の動きに関する情報を容易に入手できたのである。ちなみにこの法律の成立によって内務省内に誕生した救護課は、その後の福祉行政を担っていく機関へと発展する。

「愛国婦人会」が行った社会事業には、この時期の社会対立の先鋭化や後述する女工に対するジェンダー規範の定着への関心増大を背景にして、女性に対して道徳とあるべき女性像を説いた生活改善講演会などがある。対象となった女性は、主婦、女中、女工、高等小学校および高等女学校の生徒などと幅広い。また妊産婦保護、農繁期託児所や児童保養所の設置、巡回衛生婦家庭訪問などの活動も行った。ドイツの「愛国女性協会」の福祉活動の内容と類似しているが、ドイツほどの規模には達しておらず、活動の自発性・自立性という点でも劣っている。たしかにドイツと同様に「愛国婦人会」が女性の社会参加を促した側面もあったが、その活動はドイツ以上に男性に依存しなければならなかった。会の活動が軍事救護法の枠内で行われ、法律の運用は府県知事に委ねられていたために、「愛国婦人会」の支部長(＝地方首長の妻)は夫に事業の委嘱と選択のための便宜を依頼しなければならなかったからである。こうした経緯は、組織内でのジェンダー秩序の強化にもつながった。

3　福祉活動と女性の社会進出

領域分離と女性の活動

ドイツにおける福祉の歴史とジェンダーとの関わりをさらに追いかけてみよう。ドイツの公的な社会福祉事業は、工業化の進展による社会問題が顕在化していた一八九〇年代に大きな転換点を迎え、以前の救貧措置に代わって貧困化を防ぐ予防措置が福祉政策の中心となった。重点課題には、孤児院、子どもの養教育施設、給食施設、住居福祉、在宅介護、家庭内救援、妊産婦保護など、家庭生活に直接関わる項目が多く、福祉に妻・母としての女性の経験が求められた。各地の行政当局は女性の公的福祉への参加の必要性を認識するようになり、「愛国女性協会」傘下の団体や八〇年代から急激に増加した宗教系以外の福祉系女性協会が自治体の事業に参加したり、協力したりするようになった。公的機関が女性協会に助成金を出して、公的な救貧事業に組み込むこともあった。福祉の拡充とともに市民層の女性は貧困家庭を訪問して支援し、労働者層に妻・母としての「手本」を示していった。労働者に身体的にも精神的にも「健全な」家庭を形成させる必要性と、市民層の女性たちの社会活動への意欲とがマッチし、彼女たちは社会進出を果たしていったのである。

女性のこうした発言力の強化に脅威を抱く男性は多く、「女性の能力や性質にふさわしい領域」に限定した女性の関与という形で男性優位のジェンダー秩序を維持しようとした。女性が現場で活動する分には問題はなくても、構成メンバーがほぼ男性に限定されていた自治体の救貧委員会など、事業運営の決定機関への参加には男性は抵抗を示した。それでも女性たちは、家庭に関することでは男性よりはるかに有益な援助ができると主張して、男性の救貧委員と同等の権限を要求した。自治体付属の改革的な協会の提言、女性たちからの働きかけ、女性自身の救貧活動への熱意と実績の蓄積、名誉職男性の時間的余裕のなさ、そして何よりも労働者家庭の「健全化」という福祉の重点化とその要求水準の引き上げに後押しされて、一部の有給職員を含む女性の公的救貧への参加も、女性への権限の付与も着実に増加していった。

第一次世界大戦以前にボランティアの福祉活動を展開したドイツの市民的な女性協会は、フェミニズム的志向をもつリベラル系、プロテスタントとカトリックの宗教系、保守・ナショナリズム系という大きく三つの潮流に分類される。そのうち上部組織の「ドイツ女性団体連合」に加盟していたリベラル系穏健派の女性運動家たちは、福祉活動を女性の地位向上と職業化につなげようと尽力した。彼女たちの活動の出発点は、男女は本質的に異なり、女性には男性にはない優しさ、温かさ、人間らしさ、慈悲心、犠牲的精神などの母性的精神があるので、この精神をわが子の養育だけではなく社会のなかで発揮すべき、という母性主義であった。「男性の領域」を侵犯せず、「女性の領域」で女性独自の能力と知識を発揮することによって、彼女たちは社会のなかに確固とした女性の居場所を確保し、それを社会変革にもつなげようとしたのである。

リベラル系の女性運動家たちは名誉職ではカバーできない公的な社会事業の複雑化に対応するために、一八九九年に社会福祉事業担当者養成のための職業教育を開始した。最初は一年制コースを開設、二年制へと拡充し、さらに女性社会福祉事業学校を創立してソーシャルワーカーを養成した。卒業生は、時代の要請に適合した専門家として自治体の救貧委員会に参加し、また行政当局のケースワーカー、後見人、工場福祉員、工場監督官などの職に従事した。

第一次世界大戦期の福祉活動と女性のキャリア形成

史上初の総力戦となった第一次世界大戦期には、銃後の女性の守りが非常に重要になり、政治的立場も宗派も女性解放に対する考え方も異なる非常に多くの女性たちが、公的機関と連携しながら従来の戦時支援とは桁違いの大規模な福祉活動を展開した。開戦前夜には女性組織間の連携と効率的な業務遂行のために、「ドイツ女性団体連合」のイニシアティブの下、公民協力には否定的だったカトリック系組織や労働者への福祉を市民層の手に委ねるべきではないと考える社会民主党まで参加した「祖国女性奉仕団」が結成された。「奉仕団」はプロイセン内務省の認可を受け、従来の規模をはるかに凌駕する戦時保護事業の担い手となった自治体の片腕として、現場での実務活動を担ったのである。

女性たちによる福祉活動は、前半は環境の変化にとまどったり、困窮したりしていた出征家族や女性たちにボランティアで援助の手を差し伸べ、情報を提供する、という形が中心だった。戦争が長引き、軍需物資大幅増産のために一九一六年一二月に「祖国勤労動員奉仕法」が採択されると、生産現場への女性労働力の動員とそのための女性独自の視点による福祉という、まったく新しい課題が登場した。ドイツ最高軍司令部附属として軍需生産を統括するために一六年一一月に新設された戦時庁は、「女性部」と「女性中央労働本部」を設け、各地にその下部組織を形成した。こうした組織の責任ある職務を担えるのは、社会労働や福祉の分野で長年の実績をもつ、教育を受けたリベラル系女性運動家たちだった。

既婚の女性労働者の増加による家庭と職業の両立、男性中心の職場への女性の進出による女性用施設や衛生環境の整備、通勤手段の確保など、就労関係でも日常の家庭生活関連でも、福祉の課題は満載であった。にもかかわらず女性労働者の獲得業務が、これに不可欠な託児所などの福祉から切り離されていたため、戦時庁の女性責任者は苦労の連続であった。一九一七年六月にようやく労働関連と福祉関連が戦時政策の一環として戦時庁に統合されたが、今度は女性が指導権を発揮することに不快感を覚える軍隊幹部の干渉や抵抗と闘わねばならなかった。

それでも、権限の問題より喫緊の課題への対応に後押しされて、女性の活動が軍務の一環として正式に承認され、女性のキャリアへの道が開けていった。各地の戦時庁事務所には「女性労働支部」や「福祉仲介所」が設置され、一〇〇〇人あまりの女性が雇用されて、一、農業労働者福祉、二、工場労働者福祉、三、住居・交通福祉、四、子ども福祉、五、食糧福祉、六、ソーシャルワーク補助員の獲得と教育を担ったのである。女性労働に悪影響を及ぼす弊害の除去を目的とする工場福祉員も、戦時中に飛躍的に拡充された。終戦間際には、戦時庁によって設置された四〜八週間の養成コースを受講した工場福祉員が九〇〇人あまり勤務していた。ただし、受講対象になったのは、福祉分野で豊富な実務経験をもつか、福祉の専門学校で学んだ女性に限定されていた。

戦時中はまさに「女性の女性による女性のための福祉」が行われたが、それが可能になったのは、市民的女性運動を中心に女性たちが福祉分野で長年自発的な活動を積み重ね、専門家養成も行ってきた、という実績があったからである。第一次世界大戦は、この経験をさらに深化させ、女性たちは専門知識や交渉能力を身につけて職業人として成長していった。戦後のヴァイマール時代には、福祉職(ソーシャルワーク)は資格取得が必要な女性の職業として確立したのである。

第一次世界大戦以前には福祉は国家的課題とみなして党独自の活動には消極的だった社会民主党も、戦争中の経験を踏まえて、ヴァイマール時代に社会問題を自力で解決するために「労働者福利厚生事業」を立ち上げ、女性運動の活動の場となった。その後、人種主義的な福祉政策が行われたナチ時代にも女性が福祉の実践活動を担い、ソーシャルワークは女性職として存続した。ソーシャルワーカーは、戦後も長らく典型的な女性の職業であったが、一九九〇年前後から、ジェンダー平等政策の推進によって、男性のソーシャルワーカーが増加するようになった。

日本の企業福祉

どの工業国でも、第二次世界大戦以前の若年労働者向け福祉教育の重点が、男性には技能養成、女性には家事能力を育成するための家政教育と男女関係に関する風紀教育にあり、福祉を通じて労働者がジェンダー化されていったことは共通している。日本にも廃娼運動を推進した矯風会などの女性協会は存在し、フェミニズムの潮流としては平塚らいてうらの母性主義が優勢であった。しかし、市民社会の形成度合いの違いから欧米のようなミドルクラス女性の自発的な社会活動は拡がらず、思想レベルでは活発だった女性運動も実践レベルで幅広い社会的影響力を及ぼせるほど浸透していなかった。したがって、日本のリベラルな女性運動は、福祉領域で欧米のような足跡を残すことができなかった。市民社会の形成が脆弱であった日本では、そのかわりに企業福祉が発展した。

一九世紀の日本では、女工の募集要項に花嫁修業の実施が書かれていても、それは女工獲得のための名目にすぎず、企業内での男女の結びつきに関しても、定着率がよくなると、むしろ歓迎されるくらいであった。ところが労働者の定着と男工のための自社内部の技能養成が重視されるようになった明治末期から、経営家族主義と呼ばれるパターナリスティックな労働者の保護・育成が組織化されるようになり、企業年金の導入、扶助救済の制度化、運動会や花見などの企業単位での慰安の実施、そして講話会や学級・学校の開設が推進された。

風紀に関しては、女子寮への男子立ち入りが禁止になり、つねに舎監が取り締まりのための目を光らせるようになったし、純潔教育も行われた。女工に対する家庭婦人への準備教育は、裁縫、刺繍、料理、着物の洗い張り、活花、茶道、行儀作法などである。ちなみに企業は以前から義務教育さえ終了していない工員のために作業能率向上をめざして尋常小学校レベルの読み書きや算術、裁縫などの補習教育を授けていたが、深夜業廃止(一九二九年)前から女学校を設置し、スムーズに家庭運営のできる賢明で道徳心のある妻・母の育成をめざした教科教育と家政教育、さらに僧侶や教育者などを招いて誠実、勤勉、忍耐などの婦徳を説く修身教育を行った。こうした従業員教育は工場労働者に限らず、電話局など職業婦人の勤務先でも行われ、好評を博していた。

企業は労働範囲を超えて女性従業員の生活全般で大きな比重を占め、彼女たちにあるべき女性としての規律化を促した。ただし、福祉による労働者・従業員のジェンダー化は上から一方的に行われたわけではなく、女性たちも自分たちなりの論理で下からジェンダー化を再生産した。電話局員は、率先して風紀や道徳を遵守することによって女としての価値と仕事の威信を高めようとした。良き相手との結婚を願う女性労働者やその家族も、女としての価値の向上を歓迎した。

福祉活動は、女性の社会進出を促す契機となった。欧米での福祉の進展とその担い手としての市民層(ミドルクラス)の女性の社会活動に関しては、長らく女性運動の貢献が指摘されてきた。しかし、ドイツの例では、女性独自の福祉活動の端緒を切り拓いたのはナポレオン戦争期の戦時福祉であったように、第一次世界大戦まで戦争が女性の福祉活動の発展に果たした大きな意味合いも強調しておかなければならない。また女性の福祉活動の背後では、家庭を基盤とするという形での社会秩序や福祉のジェンダー化の推進と同時に、労働者層の女性を客体視する形で市民層の女性が主体となる、という階層間の差異が決定的な役割を果たしていた。福祉の担い手は、人種・民族間の差異も利用したが、この点については第10講で述べることにする。

第9講
労　働

岡谷の製糸工場で繰糸を行う女工たち(大正期)

1　働き続けてきた女たち

工業化は女性労働の分水嶺だったのか

一九七〇年代後半、新しい女性史による労働研究が開始される以前から、マルクス主義や近代化論は女性労働に言及し、両者ともに近代の工業化による女性の雇用労働の増加を女性解放と結びつけていた。マルクス主義的な女性解放史観は、工業化によって女性労働は必然的に増加し、経済的自立が進んで解放が実現すると考えていた。近代化論は、伝統社会で虐げられていた女性にとって、家庭外での雇用・職業機会の拡大が解放につながると考えていた。新しい女性史が批判の矛先を向けたのは、きちんとした歴史考察をせずにアプリオリに近代の工業化と女性解放との関係を主張していた、こうした進歩史観であった。

エドワード・ショーターは、一七五〇年から一八五〇年にかけての嫡出子を上回る非嫡出子の出生率増加について、初期工業化による家庭外での雇用の獲得によって娘たちが両親の権威に反抗できるようになり、自立して性行為に積極的になった結果だと、近代化に対する楽観的な見解を主張していた。この主張に対して新しい女性史の担い手たちは、イギリスとフランスの例を基にして、女性の労働の場が家庭外にシフトしはじめたといっても、それは女性の経済的解放の歴史における分水嶺ではない、と反論した。工業化以前の社会の女性は決して無力で従属的な存在ではなく、家経済のなかで家族のために労働力として重要な役割を果たしていたし、家庭外労働はその慣習の継続であった。都市への移住にさいしても家族との結びつきは続き、自立は制限されたし、家庭外での労働分野も家事使用人や繊維工業など、以前の労働との連続性が強かった。非嫡出子の出生率の増加については、新しい女性史は婚前の性交渉を女性の結婚願望のあらわれとみなし、貧困や不安定な職業状況とならんで、妊娠させた男性に婚姻をせまる家族・地域共同体・教会という伝統的な規制がなくなったために非嫡出子を産むことになった、と主張した。

ショーターの解釈とは対照的に、新しい女性史の研究者たちは、家庭外での労働によって女性の心性が変化したわけではなく、連続していたこと、経済的近代化は女性解放を招かないことを指摘し、近代という理念モデルの意味を問い直した。

マルクス主義女性解放史観の、工業化による女性労働の必然的増加というテーゼについても、イギリスやドイツでは、工業化期においても女性の労働参加率は以前の時代と変わらなかったこと、したがって女性労働力による男性労働力の駆逐はなかったことが、新しい女性史の研究によって証明された。実際、工業化の初期に紡績工場でミュール紡績機が導入されたさい、手紡ぎの女性労働は駆逐され、男性労働者が機械を動かして精紡という中心的な労働を担当した。女性は子どもとともに主に補助労働の担当となった。女性を「劣悪な職」に追いやり、低賃金労働者に甘んじさせる形での労働市場のジェンダー化が進んでいったのである。

中世ヨーロッパの女性労働

中世の初期には住民の九〇%以上が農村で生活し、領主直営地での賦役労働と農民保有地での自家消費・貢納のための労働に従事していた。労働には性別役割分業があり、女性は掃除・洗濯・調理などの家の中での仕事、水くみ、粉ひき、パン焼き、ビール醸造、乳搾り、バター・チーズ作り、家禽の世話、畑仕事、穀物の収穫、森での果実摘み、領主のぶどう園での仕事、繊維植物や羊毛の刈入れから衣類の製作までを含む機織り仕事に従事していた。犂を使用した農耕、庭仕事、大工仕事、伐採などは男性の労働だったが、女性も犂を使い、庭の手入れをしていた。

領主直営地での、もっとも貴重な女性の労働は精巧な織物による衣服作りだった。領主館の近くに女部屋が設けられ、女性監督の下で領主が用意させた材料や作業道具を使って、女性たちは羊毛梳き、糸紡ぎ、染色、機織り、縫製に携わった。彼女たちは当初、寝所と食事や衣服の供給を受けるだけだったが、次第に穀物や豆の現物供与も受け、都市の発達後は金銭も支払われるようになった。ただし、こうした下女の賃金は下男の三分の一と低かった。この女部屋は、都市手工業の発達によって一二世紀末に解体した。

一一世紀から一二世紀に発展した都市、とくに自治都市では、女性が就業しやすい環境が作られた。生存のために洗濯女、下女、露天商、小売りなどをしていた下層や中下層だけではなく、中上層、上層の女性まで働いていた。一三世紀初頭から一五世紀末まで、ほとんどの手工業が女性を受け入れた。とくに女性が多かったのが繊維関係で、経営者としても自立していた。規模の大きな経営では商人の夫と協力しながら、完成品を遠隔地に輸出していた。夫が鍛冶などの手工業を営む場合は、妻が商業を担当した。有力な女商人は大半が既婚者で自主独立し、繊維製品以外に香辛料、ワイン、金属・金属製品を扱い、商用旅行にも出かけていた。

こうした活動をするには、女性にも法的権利が与えられていなければならなかった。自治権をもつ都市の法的状況は個々の都市によって異なっていたが、女性の法的地位がとくに高かったのがケルンで、女性は人格的自由権をもち、独立した営業のために必要な市民権も獲得できた。女性には政治的権利はなかったため、妻の就業によって夫は名誉職である市の参事会員に就任できた。妻の高い法的地位は、もっぱら営業のためであった。

ケルンの女性たちは、門番、塔守、収税人、家畜番、両替商、財務や裁判関連の官吏、女子教育担当者、産婆、女医といった都市の公務にも就いていた。一四～一五世紀のケルンにおける納税者の女性の比率は一五～三八％と想定され、二〇〇もの女性の職業があったと言われる。彼女たちは、「自由な都市」で実に活発に経済活動を展開していたのである。

女性製絹親方の登場と衰退

ヨーロッパでは絹製品は一三世紀から製織されるようになり、一四世紀にはパリ、チューリヒなどの中心的な都市で大規模に生産されるようになった。商業都市で交通の便がよく、原料入手や製品販売に好都合だったケルンでも、裕福な市民たちの贅沢な衣装、教会の装飾品、絨毯、騎士の装備など、絹製品への需要が高まり、絹織物が重要な位置を占めるようになった。

一三九七年に紋章刺繍業者がケルンの絹産業で最初にツンフト(ギルド)を形成した。絹地に金糸や銀糸で装飾や刺繍を施すのはもともと女性の家内での仕事で、上層の女性が好んで手腕を発揮していた。自営の工房が発達して経済的に重要になり、職業化するとともに男性も参入した。染色業も一三九六年にツンフトを形成した。これらのツンフトには男女双方が加入していたが、紋章刺繡にとって重要な金糸製造は女性のみで構成されるツンフトだった。

製織や製糸も当初は女性の仕事で、問屋制家内工業の形で生産されていて、数多いベギン会の館でも修道女たちが生活のために安価な賃金で働いていた。工房生産が行われるようになると男性も参加したが、必要性がなかったため、ツンフトは形成されなかった。しかし絹織物業者は、悪質な商品の取引への対処、従来の方法に抵触する技術革新への懸念、強力な競争相手の出現への恐れから、ケルンの絹織物の名声と品質、そして自分たちの特権的な地位を守るために、一四三七年にツンフトを形成した。製糸業者は、製織業者に従属する形で一四五六年に独自のツンフトを形成した。

これらのツンフトの組合員になれたのは、もともとは女性だけであった。女性親方と結婚した男性、あるいは自身が絹織物業者か絹商人で女性が経営する絹織物工房に入った男性であっても、ツンフトには加入できなかった。ただし、ツンフトの幹部は男女二名ずつが女性親方によって選ばれていたので、夫たちは臨時加入者として幹部となり重要な役割を果たした。遠隔地販売が中心だった絹織物では、とりわけ夫が商人だと優位に立てたからである。絹織物工房と販売は組み合わされ、女性絹織物業者は問屋には従属しなかった。

女性親方は技能を学ぶ女性徒弟を取っていた。彼女たちは三〜四年の修業期間の終了後に独立して自営できた。しかし、一五世紀末には経済的危機によって将来の見通しが悪化し、親方になることは必ずしも見込めず、賃労働者として問屋のために製織せざるをえなくなった。ツンフトは親方年齢の引き上げや徒弟の受け入れ制限をせまられたため、女性が競争回避のターゲットになった。製糸業者は低賃金のベギン会との激しい競争にさらされた。一五〇〇年頃から は男性の絹織物業者が増加し、しだいに女性排除の傾向を強め、ツンフト加入も義務ではなくなった。販路が拡がってグローバル・エコノミーに組み入れられていくにつれて、原料調達から販売まで担う独立自営の手工業的営業形態は存続が困難になり、問屋に従属するようになった。

ケルンだけではなく、パリやチューリヒ、そしてイタリアではもっと早くから、男性労働が支配的になっていった。この時期に、唯一の自然な生活形態として結婚を称揚するルターの新教(プロテスタンティズム)が広まり、女性の就業は否定的に捉えられるようになる。独身の修道女、ベギン会の経済活動も困難になった。手工業では一七世紀までに女性の親方や職人が制限・禁止され、彼女たちは賃労働者、補助労働者、日雇いとして労働するようになった。一七世紀末には、女性の手工業からの排除が完了した。

プロト工業化

プロト工業化とは、産業革命による本格的な工業化以前に始まっていた初期的な工業化のことである。ヨーロッパでは、大航海時代に入り海外市場向け生産が活発化した一六世紀から一九世紀初頭にかけて農村で営まれ、繊維工業を中心として問屋制家内工業の形態を取っていた。一九七〇年代にアメリカのフランクリン・F・メンデルスによって提唱された、このプロト工業化論では、さらに労働力供給の観点から人口動態が分析され、農村工業の発展によって土地を持たない者でも生計を立てることが可能になったため婚姻が増加し、早婚と多産によって人口が増加したと考えられた。プロト工業化論は、一七世紀後半から農村工業が拡がり、幕末の開港を経て第一次世界大戦期まで活発に展開された日本の文脈においても検討され、ヨーロッパとは異なり人口増加は起きなかったことが明らかにされた。

プロト工業化論は、当初、女性・ジェンダーとの関わりをほとんど問わなかった。例外は女性史の文献を参照したハンス・メディックで、構成員全体で営まれる家経済という観点から、男女の役割は入れ替え可能であり、男女の関係は平等だったと主張した。しかし、一九八〇年代以降、新しい女性史・ジェンダー史の視点が導入されるようになって、プロト工業化期の女性の役割が明らかになり、メディック説は主に二つの点から批判された。一つは、家経済外での労働の存在で、糸の供給のために家族外で行われていた紡糸労働に多くの女性が従事していたことである。ここからプロト工業化の主な担い手が女性だったという説も導かれている。もう一つは、男女の労働のあり方で、男性はもっぱら製織に従事しており、紡糸および経糸《たていと》の整形や管巻《くだまき》などの製織過程以前の補助労働には従事しなかったので、役割の入れ替えによる男女平等説はユートピアだと否定された。プロト工業化論の柱の一つである農村工業の発展と人口増加の関係についても、女性史・ジェンダー史は、女性は低賃金ゆえに結婚支度金をためる時間が長期化して初婚年齢は高かった、と批判している。

プロト工業化期の繊維工業は農家副業という形で始まり、最初は農業と結合させながら夫や妻、息子や娘、下男や下女が織機の前に座っていた。しかし、生産量の増加とともに、フランスなど一部地域を除いて本業化し、夫が製織労働を担当し、妻・子ども・老人が補助労働を担当する、という分業形態が一般的になった。ただし、女性の製織者も稀ではなく、とりわけ農村ではジェンダーによる労働分担は厳密ではなかった。工賃も個人ではなく、世帯主に支給されるため、妻の労働は世帯主の労働に吸収され、製織労働に従事している女性の実態は見えにくかった。

「女工哀史」言説とその修正

欧米とは異なり、近代日本の工業化は当初、女性労働力を中心に展開された。重工業が発達してきた一九〇九年になってもなお、職工全体に占める女性比率は六〇%を超え、日本の工業化を牽引してきた紡織(繊維)工業では同年、実に八五%以上が女性だった。こうした女工比率の高さから、かつて戦後歴史学が支配的であった時期にも女性労働者は考察の視野に入っていた。しかし、階級の視点はあっても、女性・ジェンダーの視点はなかった当時、都市の紡績工場や器械製糸工場への安価で従順な出稼ぎ型女工の獲得がいかに行われたのか、また彼女たちの工場労働者としての性質はいかなるものだったのか、という切り口から、繊維女工の出身地である農村の地主制度と日本資本主義との関連を把握し、労働運動の脆弱性を説明することが主要な課題となっていた。

こうした研究は、戦前から語られてきた女性労働者の生活史に対する「女工哀史」という言説を継承・再生産し、彼女たちを劣悪な環境のもとで過酷な労働と不衛生な生活を強いられた犠牲者で、「無抵抗」な受け身的存在と捉えていた。しかし実際には、日本で記録に残っている最初の工場ストライキは、一八八六年の甲府の雨宮製糸場の女工による時間管理の改善を求めるものであった。また女性たちは諏訪地方の製糸業者の人格権を無視した女工登録制度に抵抗し、その維持を阻んでいた。女工は「無知」で「かわいそうな」存在という当時の著者たちの認識によって、抵抗の側面が見えなくなってしまったのである。「女工哀史」言説は、一九八〇年代前半まで日本の女性労働史研究で影響力を及ぼしていた。

新しい女性史の刺激を受けた外国人の研究者は、一九八〇年代以降、「女工哀史」史観を修正する研究を開始した。女工の主体性に注目し、彼女たちが工場で歌っていて生活感情が直接的に吐露されている糸引き歌の解読や、工場からの逃亡が怒りや抗議の表現手段だったという指摘、あるいは、女工の就労経験は辛さだけではなく、出稼ぎ収入による家計貢献が彼女たちの誇りとなり、自分自身も自由に使える現金収入になったというポジティブな側面の強調などがなされたのである。最近では、サンドラ・シャールの『『女工哀史』を再考する』というタイトルを掲げる研究が、糸引き歌と元女工たちへの聞き取りを史料にして、彼女たち自身が製糸女工としての経験をどのように解釈し、意味を与えていたのかを読み解いている。聞き取りの時期には労働条件がより過酷だった明治期は含まれていないが、製糸女工たちは自身の経験を悲惨なものと捉えるよりも、実家に比べて良い生活レベルの享受、家族のための貢献や苦労の当然視、現金収入、より広い世界の体験などを意識しており、自らは工場労働に積極的な意味も見いだしていたという。

2 労働概念の転換と女性就業

家族関連の女性就業

第2講で述べたように、新しい女性史は従来のように生産領域だけに注目するのではなく、家庭との連関を視野に入れて考察しないと労働の全体像は把握できないことを指摘し、労働概念を転換させると同時に、これまでほとんど研究対象とならなかった分野の労働に光を当てた。

ヨーロッパで工業化と都市化が進展した一九世紀半ば以降、従来とは異なる、あらたな女性労働が誕生した。一つは未婚女性を中心とする女中で、農村出身者が圧倒的多数を占め、消費的機能に特化したミドルクラス家庭で家事労働を行った。ドイツの一九世紀末の女性就業者数に占める家事使用人の構成比率は、農業部門に続く二位で二五%あまりに達していて、二〇世紀に入ってようやく鉱工業部門の女性就業者に追い越された。

女中が低賃金の長時間労働であったことは、事実である。しかし、新しい女性史や日常生活史の影響を受けた研究では、女中は犠牲者という従来のイメージに対して彼女たちの主体性・主観性に注目し、当事者への聞き取りも行って、彼女たちの歴史的経験やアイデンティティ、自己認識などを明らかにした。自己の能力への誇り、雇用者家族との関係、雇用者への抵抗とその部分的成功、自己利害の追求と貫徹、農村出身者の都市への順応、第一次世界大戦期以降、工場労働者に転職するなどして女中の数を急激に減少させたことなどである。

同時代文献は売春婦の前職でもっとも多いのは女中だと指摘していたが、これについても新しい女性史は統計的には証明できないことを明らかにした。にもかかわらず売春婦と女中の関係がクローズアップされてきたのは、家庭という狭い空間で労働している女中が、雇用者家族の主人や夫人との人間関係においてフィクションによる想像の対象となりやすく、女中の実態把握にそのイメージが関係しているからだということが指摘されたのである。また売春をした元女中の犠牲者イメージに対しても、彼女たちが自己の身体を商品、性交を有償労働とみなしていたこと、また売春、斡旋、犯罪が日常的にある都市の環境についても可能性と危険性とを自覚していたことが明らかにされている。

女中の雇用者であったミドルクラスの主婦については、商品経済が進展した一九世紀末には男性の経済力に支えられた有閑マダムというイメージが流布していた。しかし、ミドルクラスの大部分の主婦は、倹約に努めながら夫のために清潔で快適、すべてがきちんと整った居心地のよい家庭環境を作り、そして客人への「身分相応」のもてなしに万全を尽くすために、目立たないように陰でいかにあくせく働いていたかが明らかにされた。しかも、家計支出を補うために秘密裏に内職をしていた主婦もいたのである。

都市在住の既婚女性の労働でもっとも多かったのは家事関連サービスで、他人の住居やホテル、病院、会社などのための洗濯や雑役だった。ロンドンの既婚女性の職業分布では、四五％（一九〇一年）あまりに達していた。この分野では、公的な統計に把握されていない就労者も多かった。もう一つの既婚女性の代表的な労働が、衣料の製造である。一九世紀後半に普及したミシンを既婚女性が割賦販売を利用して購入し、生産現場の末端部の仕事を自宅で行うようになった。既製服はコストダウン圧力が強いため低賃金労働であり、納期前には長時間労働に駆り立てられるのが常だった。

「女性は家庭」という規範は、女性労働のあり方にも大きな影響を及ぼしていた。既婚女性がこうした労働を行うのは、夫の稼ぎだけでは生計が維持できなかったからである。彼女たちは就業労働と家事労働の二重負担に追われ、主な稼ぎ手である夫の要求をかなえなければならず、自宅で仕事をしているのに、子どもの面倒も十分には見られなかったことに忸怩たる思いをかかえていた。女性たちにとって、賃労働が男性のように自己肯定や自意識の向上につながるのは稀であった。

統計把握の不完全性

女性労働の把握が不十分なことは、統計にも反映されていた。たとえばドイツでは、一八八二年、九五年、一九〇七年の帝国統計で男女別就業者数が把握された。この統計把握では、一八八二年と九五年の就業可能人口中の女性就業率は三六%前後でほとんど変わらないのに、工業化が加速した一九〇七年には四五・三%に急上昇していた。男性の就業率が微減のなかでの女性就業率の増大は、安価な女性労働力による男性労働力の駆逐という上述のマルクス主義的な見方を思い起こさせる。しかし実際には、その原因は、一八八二年および九五年の統計では、家族従業員(その多くは女性)が不完全な形でしか把握されず、一九〇七年の統計で就業者の定義が変更されたことによる。

この不備は、すでに早くから指摘されていた。把握が不完全だったのは、世帯単位で労働が行われていた農林・水産業部門、家内工業、小商店、飲食店などであった。とりわけ農林・水産業では、一九〇七年の把握方法を基準に算出し直すと、女性の実数は一・五倍となり、女性就業者数全体の約二五％、実に一四〇万人が抜け落ちていた。農業部門に比べて就労条件の良い鉱工業部門での女性就業者は、当分野での伸び率(約三五％)でこそ男性をわずかに上回ってはいたが、就業者総数に占める構成比の伸びは男性を下回り、一九〇七年に男性が四九％であったのに対して、女性は二二％であった。農林・水産業では男性就業者の減少が目立ち、女性化が進展していったのである。

新しい女性史は、統計の不備を修正しあらたな統計を用いることと、労働と家族の関係性の視点を導入して、工業化による賃労働は女性解放につながるという図式を批判した。さらに、女性労働は低賃金の非熟練労働が中心であるという従来からの理解に加えて、労働市場が性別に構成されていることを明らかにしたのである。

3　労働と労働者のジェンダー化

家内工業と労働のジェンダー化

新しい女性史による労働研究は、女性労働を中心に考察していたが、ジェンダー史研究によって労働現場での男女労働者の差異化や男の労働／女の労働への意味づけ、男女労働者の体験やその認識、アイデンティティに注目しながら、労働や労働者、さらに労働運動がいかなる歴史的文脈のなかで、いかにジェンダー化されていくのか、が問われるようになった。その結果、欧米では男性が多かった近代の製織労働についても光が当たり、男女の労働を対比する形で研究が進展していった。

ドイツでは一九世紀初頭になると、都市部でも農村部でも専業的な問屋制家内工業が急速に拡大し、綿・麻・絹など、さまざまな種類の織物が家内工業で生産された。先に述べたようなツンフト規制はもはやなく、資本家である問屋と織布工との関係は雇用者と賃労働者であった。それでも自宅で自己の裁量で労働していた男性織布工は手工業者としての体面を重視し、自らは親方を名のり、親方の監督のもとで製織する職人や技能を伝達する徒弟がいる場合もあった。

高級品である絹織物は、とりわけ手工業的な性格が強かった。以前に見られたような女性親方は稀となり、女性は補助労働に従事していた。娘は他の親方の下で製織技能を修得することもあり、自宅で製織にも従事したが、自立を想定されなかった彼女たちには徒弟という名称は使われず、手伝いと呼ばれることが多かった。女性は手工業の階梯から排除されていたのである。娘は息子より親元で暮らす確率が高く、時に製織、時に補助労働、また将来は製織親方の妻としての補助労働と、フレキシブルな労働力となった。

撚糸、糸巻、染色、捺染、仕上げ加工の補助工程は、通常、工場制手工業形態の企業経営体内で行われていた。これらの作業ではジェンダーによる労働分担がはっきりしており、撚糸と糸巻、さらに仕上げ加工は女性の仕事、染色、捺染は男性の仕事であった。補助工程の女性比率は半分と高かった。その社会的評価は染色こそ高かったが、それ以外の女性労働分野は低く、賃金も男性の従事する職種より、はるかに低かった。ジェンダーは、職業選択や職業ヒエラルキーの決定要素となり、労働秩序はジェンダーによって定められたのである。

絹織物では力織機による機械化が一九世紀半ばからはじまり、主に女性が工場労働に従事したが、手工業者としての誇りとアイデンティティをもっていた手機《てばた》の製織親方は力織機による女性労働を「汚い競争」とみなして激しく抵抗した。そのさい彼らは、ツンフトにならったイヌングという同業組織を結成して手工業的な労働の維持を目指した。親方のステータスと労働の男性的性格の維持のために親方昇進基準を厳格化し、イヌングの構成員は男性に限定した。女性親方には敵意を抱き、女性の新規親方就任も認めなかった。それでも力織機化の波には逆らえずに手機は衰退したが、男性製織親方は工場労働を回避して引退するまで手機で織り続け、息子たちは重工業など新しい分野の仕事に就いた。

日本の織物工業の担い手と男女の労働への異なる評価

日本の製織労働の担い手は、手機では男性が多い欧米とは異なり女性が中心だった。一九世紀への転換期には女性労働力比率が実に九五%あまり、昭和(一九二六年以降)に入っても八五%あまりを占めていた。ヨーロッパと同様に農家副業として発展したが、本業化することはなく、男性は農業、女性は機業という性別役割分担が貫徹していた。もっとも女性たちも農繁期には農業労働に従事し、その期間、機織りの生産量は低下した。

機業地域の農家の娘たちは母から織物を教わるか、織屋に三年から七年の年季奉公に出て技能を習得した。年季の終了後は、一定期間織り手として織屋にとどまるか、実家に帰って賃機をした。機業地では、女性の製織技能は他の何にもまさる嫁入りの条件となり、生きていくための社会的資格とみなされ、女の価値を決める決定的要因となった。彼女たちは自分の技能を誇りにしたが、職人としてのアイデンティティはもたず、農家の嫁として婚家の生計に貢献して「良き嫁」となることを重視していた。

当時の日本の農家は、第5講で述べたように老若男女が適材適所で労働をして一家の生計をなりたたせるという経営体家族で、貴重な現金収入をもたらす嫁の製織労働時間を確保するため、家事労働は主に姑が引き受け、時には家事を分担する使用人を雇ったり、年少の男の子が育児に動員されることもあった。嫁の賃機労働も家経済のなかで行われているため、独立した職人の仕事にはならず、その価値評価も職人としてではなく、あくまで嫁という範疇で機織りの名人として称賛されるにとどまった。

同じ繊維工業でも、男性が従事した綿打ちや染色は、徒弟修業のなかで技能を修得し、その後は自分の腕を頼りに職人として、また親方として独り立ちしたり、家業を継いだりした。彼らは職人としてのアイデンティティをもち、その規範のなかで行動した。日本の織物文化のなかで高級品の産地として特権的な地位を誇り、男性も製織していた京都の西陣だけは、徒弟制度が崩壊した後も徒弟という言葉は残った。もっとも独立できる男性はわずかで、大半は賃労働をしていたが、それでも労働者の域を脱した、自己の業務として織物に従事する機織り職人として認められていた。専門技能職人の世界が作られていた西陣では男性も女性も製織労働に従事していたが、精巧な織物は男性でないと不可能との意味付けにもとづき、男性は高級品を、女性は普及品を生産する比率が高かった。ジェンダー間で明確な労働ヒエラルキーが存在したのである。

4　女性労働者保護法とジェンダー・家族

階級の視点とジェンダーの視点

第1節で述べた「女工哀史」言説は、日本の工場法、すなわち年少および女性労働者を保護するための法律の評価にも大きな影響を及ぼしていた。工場法(一九一一年成立、一九一六年施行)では、一二歳未満の者の就労禁止、一五歳未満の者および女性の一日一二時間を超える就業禁止、一五歳未満の者および女性の深夜業の廃止(猶予期間最長一五年)が定められた。日本の研究は一九八〇年代まで、この工場法を、過酷で非人道的な労働実態から、すなわち「哀史」状態から女性や年少者を救出する「福音」であり、社会福祉上の成果であると位置づけてきた。工場法が労働力の際限なき収奪に歯止めをかけるという労働者擁護や女工の待遇改善につながった側面は、もちろん否定できない。しかし、こうした研究には、階級という観点はあっても、女性・ジェンダーの視点はないため、なぜ女性だけが保護の対象になったのか、工場法制定によって、どのようなジェンダー関連の労働秩序や社会秩序が作られていったのか、という点は問われなかった。

これに対して日本でのイギリス女性労働者保護法に関する研究は、はやくも一九七二年に「フェミニズム的家父長制」という視点を導入し、女性の家庭役割に注目している。フェミニズム理論に関する研究も工場法に注目し、資本制(市場)と家父長制(家庭)の間の女性労働をめぐる矛盾と葛藤が、「女性は家庭」という性別役割分担を推進した工場法によって調停された、と結論づけた。しかし、こうした研究は、工場法の制定を女性の家庭役割と結びつけて考察はしたが、「女性は家庭」という規範がすでに存在しているという前提に立っていた。それゆえ工場法ないし女性労働者保護法は、その具現化だとみなしたのである。しかし、女性労働者保護法制定にあたっては、女性だけを保護されるべき存在だと規定する必要があった。そのため保護法の立法化過程において、男性労働者と女性労働者の間のヒエラルキーを伴う差異が明確にされ、ジェンダーが構築されると同時に、労働者がジェンダー化されていくことにもなったのである。

実態調査と社会問題へのまなざし

女性だけを保護する論拠となったのは、ヨーロッパでも日本でも、団結して自律的に要求を勝ち取れる男性とは違い、意志薄弱な女性は自力では状況改善が望めないため国家介入が必要だという言説である。保護法の議論は、男女労働者が差異化される形ではじまった。そして工場労働が女性に悪影響を及ぼしている、という実態を目に見える形で示すために、実態把握調査が行われた。ここで重要なのは、どの点に注目して調査が行われるのか、ということである。調査結果は労働の「現実」をそのまま映し出すわけではなく、何を問題にするかによって浮かびあがってくる「実態」が決まり、問題設定の背後には、しばしば「本来はどうあるべきか」という回答が用意されていて、問題解決の方向性も規定されてくるからである。

たとえばドイツの実態調査で注目されたのは、健康面、モラルの紊乱、家族生活や家事能力であった。調査当時は社会改良家や宗教関係者によって、女性の工場労働が乳幼児死亡、道徳的堕落、家庭生活の崩壊につながる、という言説がさかんに流布されるとともに社会問題として把握され、その解決法として女性労働者保護法の制定が提起された。実態調査は、こうした社会問題を念頭に行われている。また保護法の制定以外にも、性モラル改善のための工場内での男女分離の厳格化、女子更衣室の設置、家政教育などが実施され、女性労働者の「女性性」の維持・改善のための措置が取られた。

日本でも、工場法制定が現実味を帯びた時期に労働実態調査が行われ、政府や工業界、さらに民間のジャーナリストや研究者が職工の生活に関心を寄せた。その結果、横山源之助『日本の下層社会』(一八九九年)、農商務省『職工事情』(一九〇三年)や石原修「女工と結核」(一九一三年)など、工場法案作成の基礎資料となると同時に「女工哀史」言説を生みだす契機ともなった、すぐれたルポルタージュや調査報告書が登場した。これらの報告書は、不衛生な環境のもとでの長時間労働や女工の健康損傷の実態を客観化し、工場法制定に貢献したと高く評価されていた。こうした人道的側面はたしかに認められるが、他方で家族破壊や風紀紊乱にも言及し、ジェンダーの差異の強化にも寄与していたのである。

日本では工場法の議論がはじまっていた一八九〇年代前半にはやくも企業内保育所が設けられたが、その趣旨は子どもの健全な発育というより深夜労働明けの母親に子どもに煩わされずに休息をとらせることだった。また女工が男工と一緒になれば定着率が高まると、経営者は男女の逢瀬をむしろ奨励していた。この頃には、経営者はまだ女性労働者に対する家庭理念や純潔をそれほど重視しておらず、女性の効率的な就労の方を優先していた。しかし、この時期から日本の労働者に対するジェンダー観も西洋と共通する近代的なものへと変化し、「女性の居場所は家庭」とする家庭イデオロギーがさかんに流布されるようになっていた。実態把握もこうした立場から、すなわちジェンダーの異質性という問題視角から行われたために、工場労働は女性の家事義務や性道徳に悪影響を及ぼしている、という見方が強調されることになった。

女性労働者保護法・社会保険制度の制定と労働者のジェンダー化

ドイツと日本の女性労働者保護法の制定過程におけるジェンダーに関する言説はほぼ一致していて、男女の差異は二項対立的に把握された。体力に関しては屈強／脆弱、精神性については自立心旺盛／意志薄弱、本来の課題は職業／家庭、教育は職業教育／家政教育である。こうしたジェンダー把握にもとづいて保護が必要だと規定された女性労働力は、国力増強のために健康な子どもを産む母であり、社会基盤安定のために居心地のいい家庭を作る妻であり、二流の補助労働力として国民経済を支える労働者であった。女性労働者保護法は、近代国民国家の工業発展の時代に適合的な形でジェンダーを定義し、労働者をジェンダー化するとともに、国家秩序、社会秩序、経済・労働秩序をジェンダー化された形で方向づける羅針盤となったのである。

工場労働は家族崩壊の原因とみなされてきたが、実際には下層民には「温かい家庭」を築くことは難しかった。労働者家庭への注目によって「家族崩壊」言説が登場し、社会問題化されることによって「女性は家庭」という規範を浸透させる圧力が強まったのである。一八九一年に採択されたドイツの保護法には、労働時間や深夜就業禁止の規定の他に、家事義務をもつ女性には昼食の準備ができるよう、休憩時間の三〇分延長を認める内容が存在した。女性の工場労働は家族の崩壊というより、むしろ性別役割を自覚・浸透させ、近代家族の形成をうながす方向に作用した。

ドイツで一八八〇年代に制定された国家による近代的な社会保険も、労働者のジェンダー化の大きな推進要因となった。就労を基盤とする社会保険は、熟練と非熟練など労働者間の差異を平準化して個々人を「労働者」という概念で捉えたが、その労働者は、正規雇用で就業を中断することなく長期間働ける男性を基準とするものだった。女性は正規雇用で通常就業している限りは労働者のカテゴリーで把握されたが、ライフサイクル全般では大半が「通常労働者」の基準に適合しなかった。そのため、結婚退職によって保険金がもらえなくなる女性に結婚返還金を支給するなど女性に特有の規定が設けられ、「通常である男性」と差異化されて「特殊な労働者」という意味が付与されたのである。この差異化は同時に、「男性は家族の扶養者、女性は妻であり生計補助者」という把握であった。社会保険は、このジェンダー・カテゴリーを組み込む形で制度化されたのである。

第 *10* 講

植民地・戦争・レイシズム

対独協力者として公開処罰で丸刈りにされた，ドイツ人の子どもを抱く女性（ロバート・キャパ撮影，1944 年）

1　植民地とジェンダー

ポストコロニアリズムとジェンダー史

二一世紀初頭からヨーロッパでは過去の植民地支配への関心が高まり、あらたな視角から植民地研究が行われるようになった。その知的背景となったのは、文化を本質的に捉えるのではなく、日常的実践のなかでの文化のあり方を問題にする知としてのカルチュラル・スタディーズ、植民地支配の終了後も西洋から脱却できない状況を踏まえて西洋中心の認識のあり方を批判するポストコロニアリズム、語るすべをもたない人びとに注目したサバルタン・スタディーズとそのポストコロニアリズムとの結びつきである。さらにトランスナショナルな歴史やグローバルヒストリーとの結びつきのなかで自国史が考察されるようになったことが、植民地研究に拍車をかけた。

以前の研究は植民地での権力政治や経済的側面が中心だったが、あらたな研究では支配者側と被支配者側のコロニアルな遭遇における文化的観点も注目されるようになった。植民者と被植民者を所与の二項対立的なものとして捉えるのではなく、西洋／非西洋を差異化する両者の関係性のなかで植民地が捉えられるようになり、植民地が宗主国に及ぼした影響、植民地側のコラボレーター（協力者）の存在など両者の関係のあり方、支配者側に存在した多様なアクターどうしの緊張関係も考察されるようになった。このあらたなアプローチは、西洋が自身の文化を「文明」として認識するにあたって他者である非西洋の文化がいかに重要なのかを明らかにしている。西洋＝文明／非西洋＝野蛮という差異の構築・再構築・強化とこれによる包摂と排除の政治は、植民地支配の根幹となった。さらに科学・文化／自然などの差異化が行われ、植民地言説において征服者である宗主国は男性に、脆弱な植民地は女性に喩えられた。これにより支配／従属の関係は当然視され、「文明化」の名のもとに植民地支配は正当化されたのである。

ジェンダー史は、こうしたあらたな視角からの植民地研究の推進に不可欠な役割を果たし、家庭やセクシュアリティなど親密圏をめぐるポリティクスとその植民地支配との関連、植民地への女性移民とジェンダー・人種関係、植民地支配による現地文化の破壊とジェンダー秩序の変容などを明らかにした。そのさいに注目されたのは、植民化のプロセスのなかで白人としての西洋アイデンティティがいかに構築されたのか、その過程でジェンダー、人種・民族、階級がいかに交差しながら作用したのか、という点である。

白人男性と現地女性の性関係と「白人」という範疇の構築

ヨーロッパは植民地進出を開始した当初、女性の移民に否定的であった。たとえばオランダ東インド会社はコストや健康上の、また男性植民者の現地定着への阻害要因になるという理由で、ヨーロッパ人女性の移民を禁止した。かわりに推奨されたのが、現地情報や人脈の確保が見込め、しかもコストもかからない内縁関係、つまり現地妻であった。プッチーニのオペラ「蝶々夫人」は日本では悲恋の物語として審美化されているが、実際にはコロニアルな状況で生まれた現地女性の性的搾取の物語であった。彼女はアメリカ人の「夫」の現地妻であり、彼は帰国後に白人女性と結婚したばかりか、蝶々夫人との間に生まれた子どもを本国で養育したいと再来日のさいに伝えたのである。子どもを渡すことを了承した彼女は、父の形見の短刀で自害した。

スペイン、イギリス、フランスなどの列強に遅れて海外進出をしたドイツでも、一八八四年に南西アフリカ植民地(現ナミビア)を獲得した当初のドイツ人在留者の圧倒的多数は男性だった。彼らによる性暴力は多かったが、他方で彼らはドイツ的市民モラルの彼方で現地女性と合意の上で性関係をもったり内縁関係を結んだりし、なかには正式に結婚する者もいた。宣教師たちは当初、文化の架橋や植民地の発展、現地での生活の便宜などを理由にドイツ人男性と現地女性との正式な婚姻に肯定的だった。しかし、ナショナリズムが人種主義的色彩を帯びていた二〇世紀への転換期に、支配人種であるドイツ人と「原住民」との間に明確な境界線を引くべきという声が強まり、男性の性の自由より人種の純粋性を優先すべきという主張が勝った。

ドイツ人男性と現地女性との性的接触が支配秩序の攪乱要因として認識されたことで、現地女性はドイツ人を誘惑して退化させる性的存在だという言説がさかんに流布されるようになった。両者の性関係によってドイツ人男性がドイツ性を喪失するのに対して、アフリカ人女性の水準引きあげは絶対に不可能というのである。これによりドイツ人の現地での政治主導の立場は疑問視され、国民的名誉は毀損され、さらに当時のドイツ家族法の血統主義的父系原則にのっとって妻や子どもにドイツ国籍が付与されるため、支配者としての白人という植民地秩序が脅かされる、という。その結果、ドイツ人入植者が集中していた南西アフリカでは、一九〇三年に植民地当局の政令によって、すべての混血児が「原住民」と定められ、一九〇五年には、ドイツ人とアフリカ人の異人種間結婚禁止の指令が出された。さらに当局は自治体令によって、異人種と婚姻および事実婚関係にあるドイツ人の選挙権を、国民ならびに白人の名誉毀損、個人の品位毀損という理由で剝奪した(後に一部復活)。このような性に関する事柄とその管理によって支配者と被支配者の範疇が定められ、誰が「原住民」と差異化される「白人ドイツ人」なのかという範疇も特定されたのである。

人種主義と女性の地位向上

一八八二年にドイツ人の植民地への関心を高めることを目的に結成された「ドイツ植民地協会」は、白人女性の不在に起因するドイツ人男性のアフリカ人女性との性関係を憂い、ドイツ人女性を植民地へ移住させてドイツ性を守ろうとした。しかし、数少ない女性しか渡航させることができなかった。この事業をより成功裏に継承したのが、一九〇七年に結成された「ドイツ植民地協会女性連盟」である。「連盟」の目的は男性と女性が協力して植民地に「新しいドイツ」を作ることで、男性/女性、戦闘/出産、征服/維持、国家形成/民族形成というふうに、「男性の領域」と「女性の領域」とを分離し、支配民族としてのドイツの優位とドイツ性の維持のためには双方が不可欠だと主張した。

「連盟」の女性たちがドイツ性とナショナル・アイデンティティの論拠としたのが、ドイツ的家政だった。アフリカの家庭と主婦は不潔、無規律、非衛生的、怠惰とステレオタイプ化され、他のどの国よりも清潔、快適、衛生的、勤勉なドイツの家政と対比することによって自らと植民地を差別化し、両者の空間的・社会的な線引きを推進した。「血と文化」という論拠を背景に、彼女たちは、ときに女性の自律的な活動を歓迎しない男性と対立しながら植民地での女性の活動範囲を拡大し、「女性の領域」の価値を高めていった。植民地は、客体であった支配国の女性に主体となる機会を与えた。植民地に移住したり、植民地政策に関与したりした支配国の女性たちは、文明／野蛮の図式のなかで、他者を客体視し、「文明国」の人種主義的ナショナリズムを支える主体の仲間入りを果たしたのである。植民地でのドイツ的家庭形成と関連させた女性の地位向上要求も、人種主義を背景とするものであった。

子どもの「遺棄」・「保護」と白人女性の「慈善事業」

二〇二三年現在、プーチン大統領にはウクライナの子どもたちのロシアへの強制連行という戦争犯罪容疑で国際刑事裁判所から逮捕状が出されている。だがロシアは、子どもたちには親によって「捨てられた」と説明し、その子どもたちをロシアは「保護」しているという論理で自らの行為を正当化している。目的も方法も異なっているが、類似のことが一九世紀後半から第二次世界大戦以前の蘭・英・仏領のアジア地域でも行われていた。

その実態を明らかにする起点となった研究が、蘭領東インドを主なフィールドとする歴史人類学者のアン・ストーラーが一九九二年に発表した論文であり、彼女は植民地権力による混血児の隔離と施設収容を「遺棄の人種主義的ポリティクス」という概念で捉えた。現地人の母親によって育てられるヨーロッパ人の子どもが現地の文化的環境に感化されて「堕落」することを恐れた植民地当局は、子育てが「ヨーロッパ的ではない」という人種主義的先入観のもとに、母親が子どもを「遺棄」していると捉え、子どもたちを隔離した。多くの母親は子どもを見捨てるどころか、隔離に抵抗したにもかかわらず、その文化的・道徳的属性を問題視する人種主義的ポリティクスによって「不適な母性」と決めつけられたのである。仏領インドシナでフランス系混血児を「保護・教育」した協会の規則には、ヨーロッパ人と同居する現地女性は「まぎれもない、根っからの売春婦」であり、こうした母親に育てられる混血児の息子は「怠惰」な「ならず者」になり、娘は「売春をはじめる」と書かれていた。

同様の児童隔離政策は、オーストラリア、カナダ、アメリカの先住民に対しても同化を目的として行われた。その主体となったのが、一九世紀末からの植民地や自治領への移民によって急速に増加したヨーロッパ出自の女性たちである。彼女たちは、子どもたちが共同生活をする施設で「良き母親」や「良きおばさん」として、また里親として、実の母親の文化的影響を消し去るために「適切な教育」を行ったのである。彼女たちは家庭領域の「文明化」のためには女性の「母性役割」が不可欠と訴え、女性の植民地政策への介入を嫌う白人男性の声を退け、自らの関与の正当性を主張して「慈善事業」を推進した。人種・階層の差異化に依拠しながら、白人女性たちは彼女たちの発言権を高め、活動範囲を拡大したのである。

2　戦争がもたらしたもの

女性は戦争の被害者か加害者か

一九八〇年代半ばまでの日本社会では、戦前・戦中の国民は主権者というより支配の対象であったという論理で軍部指導層の戦争責任を強調し、国民は被害者だったという意識が支配的だった。まして無権利状態にあった女性には決定権はなかったという理由で、よけいに女性は戦争の被害者だという見解が強かった。当時は、攻撃的な男性とは異なり女性は平和を望む、といった本質主義的な論調さえ根強かったのである。しかし、七〇年代から戦中の女性雑誌を読んでいた加納実紀代は、そのなかに女たちが生き生きと戦争に協力していた姿を見いだして、いち早く女性の加害性を指摘した。当初は、やみくもな追及はどうか、という声もあった。しかし、その後、この加害者史観は、女性を歴史の主体とみなす新しい女性史の浸透と女性の翼賛体制への協力を考察した具体的な研究の進展のなかで、幅広く支持され定着していった。

同じ敗戦国であるドイツでも被害者史観が支配的だった。とくに女性については、ナチ政権が女性蔑視の強い男性結社であり、女性たちが長年の闘いによって、ようやく獲得した政治の決定過程への参加や高度専門職から女性を排除したため、よけいに被害者意識が強かった。新しい女性史による女性主体の発見後も、ナチを「男性支配システム」とか「男性独裁」と断罪する研究が多かったのである。八〇年代までの女性史研究が女性としてのアイデンティティ形成を一つの柱とし、女性を本質的に平和的で人間的な性として神話化し、女性に肯定的な歴史を称揚する傾向がみられたことも、女性の加害者性に目を向けない一要因となった。

ところが、一九八七年にナチの人種政策に協力した女性の生涯と彼女たちの活動記録史料や裁判記録を収録した『被害者と加害者(*Opfer und Täterinnen*)』が刊行され、女性たちがソーシャルワーカーや看護師として「生きるに価しない生命」の選別に積極的に関与していたことが明らかにされた。同時期に女性の「共犯性」というテーゼが出され、ナチ犯罪における女性の罪と責任をめぐる論争が起こった。論争では、たしかに女性は人種プログラムの行為者ではあったが、決定したのは男性であり、国家による強制の枠内での行動であった、という立場が優位を占めた。ドイツの女性史・ジェンダー史研究を牽引し、知的障害者、統合失調症患者、精神疾患患者、全盲者や聾啞者、アルコール依存症者などナチによって「遺伝的に劣等」だとされた四〇万人を超える人びとの強制的断種について研究したギゼラ・ボックの、断種被害者の半数は女性だったが、断種政策の立役者は男性だったという主張は、その代表的なものである。

しかし、この主張を覆す具体的な研究、たとえばナチの人種プログラムの遂行には女性の協力が不可欠だったと指摘したアメリカ人歴史研究者のクローディア・クーンズの著書『父の国の母たち』の刊行などが契機となって、女性の責任を主張する反論も展開されるようになった。ナチズムを「男性支配システム」として性格規定してしまうと、何百万人もの女性のナチズム支持、障害者の「安楽死」プログラムへの女性の関与、女性によるユダヤ人の密告、強制収容所の女性看守による拷問、限定された状況のなかで権力や指導的地位を求めた女性の存在、支配された男性の存在などが覆い隠され、過小評価されてしまう。罪深い行為の背後に存在した支配構造を問題視して女性を免罪するのではなく、女性の主体的な人種主義的行動そのものに注目しなければならないのである。男性／女性という二項対立構造のなかで女性の活動を取りあげる考察方法は、女性間の差異を問題視し、女性が一括りにではなく個別に論じられるようになるなかで姿を消していった。

東部占領地域でのドイツ人女性のホロコースト加担

一九九〇年以降、ベルリンの壁崩壊によってソ連や東欧の文書史料が利用できるようになり、東部占領地域でのナチの具体的な政策とユダヤ人などの絶滅計画の過程が考察されるようになった。そのなかで、ドイツ人女性のホロコーストへの関わり方についても明らかにされた。たしかに東部での大量虐殺の主役は男性だったが、女性もその犯罪に関与していたのである。ウェンディ・ロワーの『ヒトラーの娘たち』は、こうした女性たちの日常と加担の様相を、実名を含めて史料から浮き彫りにしている。

一九三九年九月のドイツのポーランド侵攻以降、多くのドイツ人女性が東部占領地域に移住し、人種主義的政策を担った。教師、看護師、秘書、妻であった女性たちの数は、数十万人に上る。キャリアや地位を追求した女性たちも多かった。戦争で男性労働力が不足すると、「女性は家庭」を標榜するナチも、彼女たちの職業面での貢献に頼らざるをえなかったのである。

学校では、ドイツ人以外の子どもが追放され、東部で暮らしていたドイツ国籍をもたない「民族ドイツ人」に特権が与えられ、教師がそのイデオロギー的教化を行った。看護師は、ソ連人の戦争捕虜とユダヤ人に対する飢餓政策と殺人を目撃し、衛生検査のためにゲットーを訪れ、至近距離での射殺経験がトラウマとなった親衛隊員や兵士たちの心のケアをした。ドイツ国内では秘密厳守の宣誓書を提出して「安楽死」施設に配属された看護師もいたが、東部ではそうした宣誓を行うことなく「安楽死」に加担することになった者が多かった。国内での「安楽死」の実行が困難になった後も、患者はポーランドに移送されて殺害された。看護師は、負傷したドイツ兵に対する「慈悲の死」にも関与していたのである。

東部での国家や民間の事業体では、多くのドイツ人女性が秘書や事務補助員として働いていた。親衛隊には女性看守もいた。より高い地位や良い給料を求める女性たちは、ナチに入党して東部での勤務を志願し、数千人がその働きを認められてゲシュタポ(秘密国家警察)の秘書となった。彼女たちは、恐るべき犯罪の目撃者となり、ホロコーストの証拠文書をタイプし、その実行の手助けをした。ユダヤ人財産の押収リストを作り、略奪に加わった。なかには虐殺の立案に加わり、一九四二年から四三年にかけて起きた大量射殺に立ち会った者さえいた。ウクライナで大量虐殺を遂行していた地区弁務官の秘書の女性は、命令されたわけではないが、自分の務めを果たそうとして、ゲットーで数名の子どもを殺害している。

純粋なドイツ人血統をもつ人種的なエリート集団だとされていた親衛隊は、隊員の結婚にさいして新郎と新婦の両方に結婚許可申請書の提出をさせ、イデオロギー的忠誠心、健康状態、人種的特徴、生殖能力を審査した。親衛隊員の妻となった女性は、夫におとらず体制から利益を得ようとする傾向が強かったし、大量殺戮の現場近くで行われていた宴会に参加するなど、犯罪行為にも動じなかった。自ら殺人に手を染めた女性もいた。移送用の貨物列車から逃げ出した子どもたちを、夫の留守中に夫に代わって射殺した女性。収容所所長の妻は、自宅のバルコニーから自分の子どもの目の前でユダヤ人労働者集団に発砲し、射撃の腕をひけらかした。戦後に親衛隊員の妻たちは、収容所で何が起こっていたのか知らなかった、と主張した。しかし、サディスティックな暴力は家庭の日常と絡みあって存在したのである。

女性たちのナチズムへの加担は、矮小化されていた。それは、ロワーの著書に実名で登場した女性の加害者や殺人者に対する戦後の裁判でも同様だった。ユダヤ人殺害で有罪となったのは、加害者追及がもっとも激しかった東ドイツで訴追された一人の女性だけである。ジェンダーへの先入観は、犯罪の追及にも裁判の行方にも影響を及ぼした。女性は政治に無関心という弁護団の訴えは効を奏し、裁判官にとっても「男勝り」の女性の存在は正視するに忍びなかった。

戦争は女性解放につながったのか

時代を第一次世界大戦に戻すが、総力戦となったこの戦争では、女性の銃後の役割が非常に重要になった。なかでも女性にとってはじめての経験は、出征兵士にかわる生産労働力としての動員であった。当初は家庭責任のある女性は除外されることが多かったが、労働力不足が深刻化すると彼女たちも生産過程に編入された。表1は、戦時中のドイツにおける女性労働の増加と男性労働の減少を示している。また表2は、女性労働力の大半が軍需産業に動員されたことを示すものである。彼女たちは、速成教育を受けて弾薬製造や旋盤加工など「男性の領域」とされた労働に取り組んだ。

表1　男女別就業者の推移(1914年6月を100とする)

	女性	男性	総計
1914年 6 月	100.0	100.0	100.0
1916年 12月	108.1	60.5	77.3
1917年 10月	116.1	60.9	80.7
1918年 10月	116.8	60.2	80.1

出典：Bajor, *Die Hälfte der Fabrik*, Marburg 1979, p. 119.

表2　産業ごとの男女別就業者の推移(1917年10月現在．1914年6月を100とする)

	女性	男性	総計
製鉄・金属・機械	476.1	95.5	118.4
電機	480.5	84.0	145.1
化学	450.4	117.4	155.6
繊維	73.7	33.8	54.8
木材	117.9	51.7	61.6
食料品・嗜好品	101.6	52.8	75.3
被服	59.5	34.5	47.7
建築	279.3	56.1	62.3

出典：Oppenheimer/Radomiski, *Die Probleme der Frauenarbeit in der Übergangswirtschaft*, Berlin 1918.

女性は工場労働だけではなく、農業労働にも駆りだされた。イギリスでは「男性の聖域」であった警察業務に女性が進出したし、任務の大半は調理・洗濯・事務などジェンダー規範に抵触しないものだったとはいえ、軍隊にも参加した。日本でも第二次世界大戦中に女性が労働動員され、運転手など「男性の職業」にも進出した。ただし、戦後は復員した男性のために女性は家庭に戻るか、「女性にふさわしい職」に移行しなければならず、女性の就業者数は著しく減少した。日本での第二次世界大戦中の女性事務職の急激な拡大は、戦後、女性に「特別な配慮を要する存在」というあらたな意味を与えることによって、「花嫁修業としてのOL」、「判断事務＝男性」／「作業事務＝女性」という事務職の性別職務分離を準備した。

第一次世界大戦終結後のヨーロッパでも労働者層の就業状況は戦前の水準近くに戻ったが、恩恵を受けた女性の数は限られたとはいえ、ミドルクラスでは肯定的な影響がもたらされた。イギリスでは大戦の成果の一つとして性差別禁止法が施行されたことで、女性に専門職への扉が開かれた。ドイツでは、第8講で述べたように、戦中の福祉活動によってソーシャルワーカーが職業として確立した。

華々しく活動を展開していたイギリスの女性参政権運動は、大戦中には活動を休止して戦争に協力した。ドイツでは女性参政権に向けての具体的な運動を展開していなかったリベラル系の市民的女性運動穏健派が、女性の戦時協力への承認を求めて一九一七年に公然と参政権要求を掲げた。日本でも時期は第二次世界大戦時で違うが、一九三二年の政党政治の崩壊によって女性参政権運動が終焉した後、運動家たちは目標達成のための回路と考えて翼賛体制に協力した。

第一次世界大戦後のドイツでは二〇歳以上の女性に男性と同様の参政権が与えられ、イギリスの女性参政権は三〇歳以上の既婚女性に限定された。この時点でイギリスでは女性参政権反対はもはや時代遅れになっていたし、戦時中の女性の活動は参政権付与への危惧と障害を取り除いた。ただし、三〇歳以上既婚という制限をつけることによって男性優位の構造は保たれたのである。ドイツでの女性参政権実現はヴァイマール共和国を誕生させた終戦時のドイツ革命による民主化の結果であるが、この時点では民主化の課題のなかに女性参政権が含まれることは当然視される状況にはなっていた。日本では、第二次世界大戦後のGHQの戦後改革の結果、女性参政権が実現した。

女性参政権実現は、女性の戦争協力の直接的な帰結とはいえない。戦時における女性の「男性の領域」への進出は非常時の例外とみなされ、就業や家族に関するジェンダー構造には、ほとんど変化をもたらさなかった。とはいえ戦争は、戦前からの活動の発酵と熟成の期間を短縮する触媒としての役割を果たし、女性の活躍の場を広げ、キャリアに肯定的な影響をもたらし、女性の地位向上に貢献したことは確かである。

3 戦争・占領と性暴力

戦争と性暴力

残念ながら、戦争には性暴力がつねに付随していた。レイプは国際法で禁止され、軍事規律にも違反していたが、軍隊内で処分の対象となることは稀だった。性は男の本能として黙認されるか、性的「征服」が兵士としての力強さや男らしさの表現とみなされ、兵士の士気高揚のために奨励されることもあった。被害者は身体的にも精神的にも深い傷を負ったにもかかわらず、大半が「貞節を守らなかった」という自身への攻撃への恐れや、恥辱やトラウマから沈黙を強いられ、性暴力は不問に付されてきた。

一九九〇年代以降、日本軍の「慰安婦」問題が明らかになり、ユーゴスラヴィア内戦での「民族浄化」の一環として敵対民族の女性を強制妊娠させるためのレイプや、ルワンダの民族紛争での性暴力への批判が高まったことによって、戦時性暴力がようやく公の場で議論されるようになった。一九九八年の国際刑事裁判所ローマ規程は、性暴力を「人道に対する犯罪」と明記した。にもかかわらず戦時性暴力は止むことはなく、現在のウクライナ戦争でもレイプや性的拷問は戦争の武器として使われ、住民に恐怖を与えて従属を強いる手段となっている。

戦時中の女性への身体的攻撃は、政治的に強いシンボル効果をもつプロパガンダとして頻繁に登場した。女性へのレイプには、女性自身を辱めるだけではなく、男性が敵国から女性を守れない弱さをアピールする目的があった。それゆえ第一次世界大戦や第二次世界大戦時には、味方の女性が敵によって、しかも人種主義的に「劣等」とみなしていたスラブ人や黒人にさえレイプされる危険性を煽り立てて、敵への反撃の必要性、愛国心の覚醒や士気鼓舞を訴えるポスターがさかんに用いられた。

図6　第一次世界大戦中のドイツ軍の性暴力をうったえるポスター(1918年頃)

ここに掲げた図6は、第一次世界大戦開戦当時のドイツ軍のベルギー侵攻で頻発した性暴力を国の陵辱と捉えたポスターである。過去において感じられ、表現された感情を扱い、感情の歴史への影響とその変化を問う感情史によると、当時の女性にとっての名誉は貞節や純潔であり、男性にとって最大の名誉損失はそれを侵されることであった。女性は自身では名誉を回復できず、家族の男性が自分の名誉の問題として女性の名誉を汚した相手と対決したのである。それゆえ自国の男性に、こうしたポスターによって、自身の名誉と命という代価をかけて女性の庇護と防衛義務に全力を尽くし、自国の名誉を守るよう呼びかけたのである。

性暴力は、戦時中に自国を「裏切った」女性にも向けられた。第二次世界大戦下、ドイツによる占領から解放されたフランスでは、軍事裁判とは別枠で行われた女性に対する公開処罰で、約二万人の「対独協力者」のフランス人女性が女性の象徴である髪を剃られて丸刈りにされた(本講扉参照)。そのうちドイツ人と性的関係をもっていた女性は半分以下の四二%で、他にも政治的・経済的協力者や密告者などが処罰を受けた。しかし、対独協力はもっぱら性的側面が強調されたため、丸刈りにされた女性は「ドイツ兵の恋人」というイメージとほぼ同一視されるようになったのである。

過去の克服のモデル国ドイツでの性暴力に対する語り

ホロコーストを起こした国ドイツは、一九八〇年代からとりわけ熱心に過去の戦争責任問題と取り組み、日本ではしばしば「過去の克服のモデル国」とみなされてきた。戦争の直接体験者が減少するにつれて、過去の戦争犯罪を記録し、過去の犯罪を繰り返さないための追悼施設や記念碑を作る動きが活発化し、九〇年のドイツ統一を契機として、その数は著しく増加した。こうしたナチ犯罪の想起の場の特色の一つは、記憶のパーソナル化である。ナチ犠牲者の名前や写真、ライフヒストリーを刻んだ記念碑が広場をはじめ街のいたるところに積極的に設置され、彼ら・彼女たちの悲惨な運命を知ることができる。パーソナルヒストリーを知ることによって、後の世代に生きる人びとは被害者の人生に思いを馳せることができ、こうした悲劇を繰り返してはならない、という気持ちを新たにさせられるのである。公共空間における記憶文化の形成といえよう。

しかし、パーソナル化の進展は、こうした記憶文化になじまないとみなされる犠牲者の存在も明らかにした。一九八〇年代までナチ迫害の犠牲者として認定されることが稀だった「忘れられた犠牲者」であり「二流の被害者」だったシンティ・ロマや同性愛者、「生きる価値がない」として「安楽死」を強要された人びとは、個人としてではなく、集団として記憶文化のなかに居場所を与えられた。一方、労働忌避者や売春婦など「反社会的」という刻印を押されて強制収容所に送られた人たちは、街中の記憶文化のなかにほとんど登場しない。さらに、性暴力の被害者はナチズムによる暴力の被害者の範疇に解消されていて、性暴力の存在そのものは不可視化されている。

ナチズム下の性犯罪は、戦場での性暴力と、ナチ政権による軍隊、強制労働者、収容所囚人のための売春施設の設置という二種類があった。その犠牲者は被害を記憶から排除し、語ってもよけいに惨めな思いをするだけと沈黙してきた。また二一世紀になっても、自分の「潔白」を証明しなければならない、という圧力に苦しんでいる人すらいた。政治犯を中心とする強制収容所の元囚人は、収容所での非人間的な生活というイメージが壊れるのを恐れて、収容所博物館の展示で売春宿の存在が明らかにされるのを望まなかった。

一九九〇年代以降の戦時性暴力に関する公論の変化によって、ようやくナチに関連する性暴力についての研究が本格的に開始され、その内実が明らかになってきた。研究者の地道な努力が実って強制収容所での売春施設の存在がマスコミで取りあげられたり、収容所跡地の博物館やパンフレットに明示されるようになった。二〇一六年には、収容所のユダヤ人女性生存者がドイツ連邦議会で講演したさいに、売春施設での性労働を強制労働として認定すべきだと要求した。このように、しだいに可視化されるようになってきたとはいえ、戦時性暴力の記憶文化への本格的組み入れは今後の課題として残されている。

ジェンダー視点による性暴力研究

一九九一年に韓国人女性の金学順が元「慰安婦」としてカミングアウトし、その後、同じ境遇の仲間二人や元軍人・軍属およびその遺族らとともに謝罪と個人補償を求めて日本政府を提訴したことは、性暴力パラダイムの転換点となった。「恥ずべき存在」という見解を内面化して沈黙してきた彼女たちが、被害者となったのである。吉見義明は防衛研究所図書館で日本軍が慰安所設置を指示した公文書を見つけ、日本政府も九二年に慰安所問題への軍の関与を認めた。問題が公になると、ただちに「慰安婦」研究が開始され、「慰安婦」や「慰安婦」制度の内実を明らかにする実証研究から出発した。それは、「慰安婦」を生みだす土壌となった植民地下の日常生活や公娼制度の探求、買う側の男性兵士による「慰安婦」経験についての認識の仕方など、歴史修正主義者による「強制性のなさ」や「慰安婦は売春婦」という言説に対抗しながら、しだいに考察範囲を拡大し、着実に深化していった。

二一世紀になって諸外国でも戦争と性暴力を、その背後にある権力関係との関連のなかで考察する研究が進展し、ナショナルヒストリーによる加害／被害の二項対立の枠組みで問題設定される傾向が強かった戦時性暴力を、トランスナショナルな比較史の観点から考察することに道を拓いた。

一つは、一九世紀後半以降、競って海外進出をした欧米植民地での管理ないし強制売春である。イギリス、フランス、ドイツ、アメリカなど、各国による違いはもちろん存在するが、各国とも軍隊派遣先では性病検査を義務づけ、植民地と白人社会を差異化した人種主義的な売春政策を実施し、それゆえに強制的な性格を帯びていたという共通性がある。現地住民の世界は「不潔、道徳的堕落、人種的劣等」などと差別化され、そこから兵士や入植者を守るために、売春婦は現地の世界から空間的にも社会的にも隔離された。植民地征服の拡大とともに、支配国は周辺の女性を略奪して現地人植民地兵の性の相手をさせることもあった。フランスが第一次世界大戦中に植民地兵をヨーロッパに動員したさいには、白人女性との接触を避けさせるために、現地女性も売春婦として動員していた。南西アフリカでは植民地支配者ドイツに対してヘレロ民族が蜂起したが(ヘレロ戦争、一九〇四〜〇八年)、ヘレロ民族の女性は、戦争中にドイツ軍から激しい性暴力を受け、収容所で性奴隷とされた。他方で権力の圧倒的な非対称性のなかで、彼女たちは以前から軍人や入植者の「愛人」や「現地妻」として白人支配者に自在に性を搾取される暴力構造の下に置かれていた。「慰安婦」問題も、個別性は重視しながらも、こうした戦争・植民地・ジェンダーの問題が交差する帝国の暴力構造の連続性のなかで考察していく必要がある。

いま一つは、レイプ、売買春、恋愛、結婚という戦時の多様な性的関係を連続線上で捉えるという視座である。レイプと結婚は正反対のものだと思われがちだが、戦時・占領時の権力関係と暴力関係のもとでは男性が女性に圧力をかけて選択を強いることから、力ずくでの強制まで地続きになっていることも多いため、そうした状況下で保護する／保護されるという関係性の意味を問う必要がある。また、女性たちがエイジェンシー(制約的な条件のもとで行使される能動性)を発揮して性的接触を試みるという生存戦略もありえた。こうした点を鑑みると、その境界線は曖昧になってくる。

この連続線上にある性的関係の評価は、エイジェンシーの有無に左右され、それが語りの正当性につながっていく。抵抗しようのなかったレイプに関する語りは正当化されて受容される。逆にエイジェンシーの発揮による生存戦略としての「自発的」な性取引や売春は「恥」とされ、敵との恋愛や結婚は「裏切り」「共犯」として非難されて懲罰の対象にすらなる。ただし、被害者の物語の正当性の評価はあくまで当該社会が共有する解釈枠組みのなかで行われる。それゆえ、この語りの正当化の問題は性暴力被害者に語りの制約やパターン化をもたらした。ジェンダー史は、こうした語り方の背後に潜むものを明らかにするため、その意味内容を丁寧に読み取りながら性暴力研究を行っている。

史料としての聞き取りと性暴力被害者研究

聞き取りは、文字史料を残さなかった人びとの歴史を明らかにするための重要な史料であり、女性史研究が早くから聞き取り調査に取り組んできたことは第1講にも述べたとおりである。「慰安婦」に関しても、真相究明のために彼女たちへの聞き取りが史料として用いられてきたし、当初は聞き取りによって「事実」や「実態」が明らかにされると考えられていた。しかし、聞き取りには聞き手が存在するため、聞き手の問い方次第で相手の語りの内容が異なってくる、という相互構築性が指摘されている。日韓の政治的思惑の磁場のなかに置かれている「慰安婦」への聞き取りにさいしては、しばしば聞き手が聞きたい内容を語り手が語る、ということも問題にされてきた。

しかし、「慰安婦」問題の解決を念頭においた証言としての聞き取りをするのではなく、被害者の語りの背後に存在する思いや記憶に留意し、彼女たちの経験に対する理解を深めようという努力は聞き取りの仕方も変化させた。彼女たちが記憶していることを自由に語らせ、個人の経験を浮き彫りにする彼女たちの物語に耳を傾けるようになったのである。これは韓国での話だが、日本人の手による性暴力研究においても、たとえば石田米子・内田知行編『黄土の村の性暴力――大娘《ダーニャン》たちの戦争は終わらない』（二〇〇四年）のように、二〇〇〇年以降、長期間の交流・支援にもとづく信頼関係のなかで相手を「ありのまま」に受け入れることによって、被害者が語りたがらなかった語りを引き出すことに成功し、また沈黙の意味に思いを馳せる、すぐれた聞き取りの歴史書が刊行されている。

現在、世界の歴史的な性暴力や戦時下の性的関係の内実を明らかにするために、当事者による日記、手紙、回想などのエゴドキュメントや記録や報告書、インタビュー記録や証言などの「下からの史料」が数多く用いられている。こうした史料は出来事の裏付けのためだけに有効なのではない。史料が残された、あるいは証言がなされた時期の政治的・社会的状況や文化的規範、ジェンダーをめぐる規範や状況、男らしさ／女らしさの捉え方などを慎重に考慮しながら史料が語る意味内容を分析的に読み解いていくことによって、多くの事柄が判明する。叙述や語り、また沈黙に込められた意味、そのなかで主観的な意味世界やアイデンティティが果たしていた機能、パターン化された語りから浮かびあがる社会的要請、加害者・被害者・目撃者の解釈や語り方の理由、そして史料の信憑性などである。

主要参考文献

第1講

井上清『日本女性史』上・下，三一書房，1955年
今井けい『イギリス女性運動史——フェミニズムと女性労働運動の結合』日本経済評論社，1992年
上村千賀子『メアリ・ビーアドと女性史——日本女性の真力を発掘した米歴史家』藤原書店，2019年
小川幸司・成田龍一編『シリーズ歴史総合を学ぶ① 世界史の考え方』岩波新書，2022年
折井美耶子『地域女性史への道——祖母たち・母たちの物語を紡ぐ』ドメス出版，2021年
鹿野政直『婦人・女性・おんな——女性史の問い』岩波新書，1989年
古庄ゆき子編集・解説『資料 女性史論争』ドメス出版，1987年
女性史総合研究会編『日本女性史』全5巻，東京大学出版会，1982年
地域女性史文献目録編集委員会編，折井美耶子・山辺恵巳子著『増補改訂版 地域女性史文献目録』ドメス出版，2005年
橋本憲三編『高群逸枝全集』全10巻，理論社，1965–1970年
村上信彦『明治女性史』上・中前・中後・下，理論社，1969–1972年
森崎和江『からゆきさん』朝日新聞社，1976年
柳原恵『〈化外〉のフェミニズム——岩手・麗ら舎読書会の〈おなご〉たち』ドメス出版，2018年
山崎朋子『サンダカン八番娼館——底辺女性史序章』筑摩書房，1972年
山本茂実『あゝ野麦峠——ある製糸工女哀史』角川文庫，1977年

第2講

有賀夏紀・小檜山ルイ編『アメリカ・ジェンダー史研究入門』青木書店，2010年
上野千鶴子「歴史学とフェミニズム——「女性史」を超えて」『岩波講座日本通史 別巻1 歴史意識の現在』岩波書店，1995年，149–184頁
河村貞枝・今井けい編『イギリス近現代女性史研究入門』青木書店，2006年
小山静子『良妻賢母という規範』勁草書房，1991年
女性史総合研究会編『日本女性史研究文献目録 1868–2002 CD-ROM

版』東京大学出版会，2014 年
瀬地山角『東アジアの家父長制――ジェンダーの比較社会学』勁草書房，1996 年
デーヴィス，ナタリー・Z『マルタン・ゲールの帰還――16 世紀フランスの偽亭主事件』成瀬駒男訳，平凡社，1985 年
姫岡とし子『近代ドイツの母性主義フェミニズム』勁草書房，1993 年
水田珠枝『女性解放思想の歩み』岩波新書，1973 年
ロバーツ，エリザベス『女は「何処で」働いてきたか――イギリス女性労働史入門』大森真紀・奥田伸子訳，法律文化社，1990 年

第 3 講

上野千鶴子『ナショナリズムとジェンダー』青土社，1998 年
大門正克『歴史への問い／現在への問い』校倉書房，2008 年
木本喜美子・貴堂嘉之編『ジェンダーと社会――男性史・軍隊・セクシュアリティ』旬報社，2010 年
スコット，ジョーン・W『ジェンダーと歴史学 増補新版』荻野美穂訳，平凡社，2004 年
テーヴェライト，クラウス『男たちの妄想』I・II，田村和彦訳，法政大学出版局，1999, 2004 年
日本の戦争責任資料センター編『シンポジウム ナショナリズムと「慰安婦」問題』青木書店，1998 年
長谷川貴彦『現代歴史学への展望――言語論的転回を超えて』岩波書店，2016 年
長谷川貴彦編『エゴ・ドキュメントの歴史学』岩波書店，2020 年
長谷川博子(まゆ帆)「女・男・子供の関係史にむけて――女性史研究の発展的解消」『思想』719 号，1984 年，28–43 頁
義江明子『女帝の古代王権史』ちくま新書，2021 年
ルイス，ヴィッキー・L／エレン・キャロル・デュボイス編『差異に生きる姉妹たち――アメリカ女性史における人種・階級・ジェンダー』和泉邦子・勝方恵子・佐々木孝弘・松本悠子訳，世織書房，1997 年
ローズ，ソニア・O『ジェンダー史とは何か』長谷川貴彦・兼子歩訳，法政大学出版局，2016 年

第 4 講

浅田進史・榎一江・竹田泉編著『グローバル経済史にジェンダー視点を接続する』日本経済評論社，2020 年
伊豫谷登士翁編『経済のグローバリゼーションとジェンダー』明石書店，2001 年

荻野美穂「総論――ジェンダー／セクシュアリティ／身体」服藤早苗・三成美保編著『ジェンダー史叢書1 権力と身体』明石書店，2011年，22-41頁
国立歴史民俗博物館編『性差（ジェンダー）の日本史』歴史民俗博物館振興会，2020年
『思想』1188号「特集 高校歴史教育」2023年
長野ひろ子・姫岡とし子編著『歴史教育とジェンダー――教科書からサブカルチャーまで』青弓社，2011年
ハント，リン『グローバル時代の歴史学』長谷川貴彦訳，岩波書店，2016年

第5講

アリエス，フィリップ『〈子供〉の誕生――アンシァン・レジーム期の子供と家族生活』杉山光信・杉山恵美子訳，みすず書房，1980年
粟屋利江・井上貴子編『インドジェンダー研究ハンドブック』東京外国語大学出版会，2018年
上野千鶴子『近代家族の成立と終焉 新版』岩波現代文庫，2020年
落合恵美子『21世紀家族へ――家族の戦後体制の見かた・超えかた 第4版』ゆうひかく選書，2019年
落合恵美子『近代家族とフェミニズム 増補新版』勁草書房，2022年
小浜正子ほか編『中国ジェンダー史研究入門』京都大学学術出版会，2018年
小浜正子・落合恵美子編『東アジアは「儒教社会」か？――アジア家族の変容』京都大学学術出版会，2022年
ショーター，エドワード『近代家族の形成』田中俊宏ほか訳，昭和堂，1987年
ストーン，ローレンス『家族・性・結婚の社会史――1500年-1800年のイギリス』北本正章訳，勁草書房，1991年
セガレーヌ，マルチーヌ『妻と夫の社会史』片岡幸彦監訳，新評論，1983年
ダヴィドフ，レオノーア／キャサリン・ホール『家族の命運――イングランド中産階級の男と女 1780～1850』山口みどり・梅垣千尋・長谷川貴彦訳，名古屋大学出版会，2019年
ドゥーデン，バーバラ／クラウディア・フォン・ヴェールホーフ『家事労働と資本主義』丸山真人編訳，岩波現代選書，1986年
長沢栄治監修，森田豊子・小野仁美編著『イスラーム・ジェンダー・スタディーズ1 結婚と離婚』明石書店，2019年
バダンテール，エリザベート『プラス・ラブ――母性本能という神話の終焉』鈴木晶訳，サンリオ，1981年
比較家族史学会監修，田端泰子・上野千鶴子・服藤早苗編『シリーズ

比較家族8 ジェンダーと女性』早稲田大学出版部，1997年
姫岡とし子『ヨーロッパの家族史』山川出版社，2008年
姫岡とし子「優しい父親・戦う男性――近代初期ドイツのジェンダー・階層・ナショナリズム」落合恵美子・橘木俊詔編著『変革の鍵としてのジェンダー――歴史・政策・運動』ミネルヴァ書房，2015年，41–59頁
姫岡とし子・久留島典子・小野仁美編『〈ひと〉から問うジェンダーの世界史 第2巻「社会」はどう作られるか？――家族・制度・文化』大阪大学出版会，2023年
三成美保『ジェンダーの法史学――近代ドイツの家族とセクシュアリティ』勁草書房，2005年
牟田和恵『戦略としての家族――近代日本の国民国家形成と女性』新曜社，1996年
本澤巳代子／ベルント・フォン・マイデル編『家族のための総合政策――日独国際比較の視点から』信山社，2007年

第6講

天野知恵子「「女性」からみるフランス革命――政治・ジェンダー・家族」近藤和彦編『ヨーロッパ史講義』山川出版社，2015年，126–144頁
加藤千香子『近代日本の国民統合とジェンダー』日本経済評論社，2014年
北村陽子『戦争障害者の社会史――20世紀ドイツの経験と福祉国家』名古屋大学出版会，2021年
キューネ，トーマス編『男の歴史――市民社会と〈男らしさ〉の神話』星乃治彦訳，柏書房，1997年
コリー，リンダ『イギリス国民の誕生』川北稔監訳，名古屋大学出版会，2000年
阪口修平編著『歴史と軍隊――軍事史の新しい地平』創元社，2010年
西川長夫『国民国家論の射程――あるいは〈国民〉という怪物について 増補版』柏書房(KASHIWA CLASSICS)，2012年
ハント，リン『フランス革命と家族ロマンス』西川長夫・平野千果子・天野知恵子訳，平凡社，1999年
姫岡とし子「ナショナリズムとジェンダー」『岩波講座世界歴史 第16巻 国民国家と帝国 19世紀』岩波書店，2023年，99–126頁
姫岡とし子・川越修編『ドイツ近現代ジェンダー史入門』青木書店，2009年
ブレーカー，ウルリヒ『スイス傭兵ブレーカーの自伝』阪口修平・鈴木直志訳，刀水書房，2000年

弓削尚子『はじめての西洋ジェンダー史——家族史からグローバル・ヒストリーまで』山川出版社，2021 年

第 7 講

荻野美穂『ジェンダー化される身体』勁草書房，2002 年
落合恵美子「ある産婆の日本近代——ライフヒストリーから社会史へ」荻野美穂ほか『制度としての〈女〉——性・産・家族の比較社会史』平凡社，1990 年，257–322 頁
沢山美果子『出産と身体の近世』勁草書房，1998 年
沢山美果子『性と生殖の近世』勁草書房，2005 年
シービンガー，ロンダ『科学史から消された女性たち——アカデミー下の知と創造性』小川眞理子・藤岡伸子・家田貴子訳，工作舎，1992 年
ショーター，エドワード『女の体の歴史』池上千寿子・太田英樹訳，勁草書房，1992 年
チェイス＝リボウ，バーバラ『ホッテントット・ヴィーナス——ある物語』井野瀬久美惠監訳，安保永子・余田愛子訳，法政大学出版局，2012 年
ドゥーデン，バーバラ『女の皮膚の下——18 世紀のある医師とその患者たち』井上茂子訳，藤原書店，1994 年
西川麦子『ある近代産婆の物語——能登・竹島みいの語りより』桂書房，1997 年(初版，緑の館，1989 年)
長谷川博子「「病院化」以前のお産——熊野での聞き取り調査より」『思想』824 号，1993 年，72–106 頁
長谷川まゆ帆『近世フランスの法と身体——教区の女たちが産婆を選ぶ』東京大学出版会，2018 年
フーコー，ミシェル『性の歴史 II 快楽の活用』田村俶訳，新潮社，1986 年
服藤早苗・三成美保編著『ジェンダー史叢書 1 権力と身体』明石書店，2011 年
星乃治彦『男たちの帝国——ヴィルヘルム 2 世からナチスへ』岩波書店，2006 年
三成美保編著『同性愛をめぐる歴史と法——尊厳としてのセクシュアリティ』明石書店，2015 年
弓削尚子『啓蒙の世紀と文明観』山川出版社，2004 年
ラカー，トマス『セックスの発明——性差の観念史と解剖学のアポリア』高井宏子・細谷等訳，工作舎，1998 年

第 8 講

石井香江『電話交換手はなぜ「女の仕事」になったのか——技術とジ

ェンダーの日独比較社会史』ミネルヴァ書房，2018 年
今井小の実『福祉国家の源流をたどる── Her/His Story を超えて』関西学院大学出版会，2023 年
金澤周作『チャリティとイギリス近代』京都大学学術出版会，2008 年
金澤周作『チャリティの帝国──もうひとつのイギリス近現代史』岩波新書，2021 年
川越修・辻英史編著『社会国家を生きる──20 世紀ドイツにおける国家・共同性・個人』法政大学出版局，2008 年
桑原ヒサ子『ナチス機関誌「女性展望」を読む──女性表象，日常生活，戦時動員』青弓社，2020 年
高田実・中野智世編著『近代ヨーロッパの探究 15 福祉』ミネルヴァ書房，2012 年
長谷川貴彦『イギリス福祉国家の歴史的源流──近世・近代転換期の中間団体』東京大学出版会，2014 年
姫岡とし子「第一次世界大戦中ドイツでの戦時支援と女性の地位」史学会編『災害・環境から戦争を読む』山川出版社，2015 年，181–208 頁
プランパー，ヤン『感情史の始まり』森田直子監訳，みすず書房，2020 年

第 9 講

犬丸義一校訂『職工事情』上・中・下，岩波文庫，1998 年
エンネン，エーディト『西洋中世の女たち』阿部謹也・泉眞樹子訳，人文書院，1992 年
大森真紀『イギリス女性工場監督職の史的研究──性差と階級』慶應義塾大学出版会，2001 年
篭山京解説『生活古典叢書 5 女工と結核』光生館，1970 年
斎藤修『プロト工業化の時代──西欧と日本の比較史』岩波現代文庫，2013 年
シャール，サンドラ『『女工哀史』を再考する──失われた女性の声を求めて』京都大学学術出版会，2020 年
竹中恵美子・久場嬉子監修，三宅義子編『叢書 現代の経済・社会とジェンダー第 3 巻 日本社会とジェンダー』明石書店，2001 年
東條由紀彦『製糸同盟の女工登録制度──日本近代の変容と女工の「人格」』東京大学出版会，1990 年
長野ひろ子・松本悠子編著『ジェンダー史叢書 6 経済と消費社会』明石書店，2009 年
仲松優子「18 世紀フランスにおけるプロト工業化とジェンダー」浅田進史・榎一江・竹田泉編著『グローバル経済史にジェンダー視点

を接続する』日本経済評論社，2020 年，75-100 頁
姫岡とし子『ジェンダー化する社会——労働とアイデンティティの日独比較史』岩波書店，2004 年
横山源之助『日本の下層社会』岩波文庫，1985 年

第 10 講

石田米子・内田知行編『黄土の村の性暴力——大娘(ダーニャン)たちの戦争は終わらない』創土社，2004 年
上野千鶴子・蘭信三・平井和子編『戦争と性暴力の比較史へ向けて』岩波書店，2018 年
加納実紀代『女たちの〈銃後〉』筑摩書房，1987 年
クーンズ，クローディア『父の国の母たち——女を軸にナチズムを読む』上・下，姫岡とし子監訳，翻訳工房「とも」訳，時事通信社，1990 年
金野美奈子『OL の創造——意味世界としてのジェンダー』勁草書房，2000 年
ストーラー，アン・ローラ『肉体の知識と帝国の権力——人種と植民地支配における親密なるもの』永渕康之・水谷智・吉田信訳，以文社，2010 年
林田敏子『戦う女，戦えない女——第一次世界大戦期のジェンダーとセクシュアリティ』人文書院，2013 年
藤森晶子『丸刈りにされた女たち——「ドイツ兵の恋人」の戦後を辿る旅』岩波書店，2016 年
フレーフェルト，ウーテ『歴史の中の感情——失われた名誉／創られた共感』櫻井文子訳，東京外国語大学出版会，2018 年
ミュールホイザー，レギーナ『戦場の性——独ソ戦下のドイツ兵と女性たち』姫岡とし子監訳，岩波書店，2015 年
歴史学研究会・日本史研究会編『「慰安婦」問題を／から考える——軍事性暴力と日常世界』岩波書店，2014 年
ロバーツ，メアリー・ルイーズ『兵士とセックス——第二次世界大戦下のフランスで米兵は何をしたのか？』佐藤文香監訳，西川美樹訳，明石書店，2015 年
ロワー，ウェンディ『ヒトラーの娘たち——ホロコーストに加担したドイツ女性』武井彩佳監訳，石川ミカ訳，明石書店，2016 年

図版出典一覧

第 1 講扉……全国女性史研究交流のつどい実行委員会『第 3 回全国女性史研究交流のつどい報告集』1983 年．WAN ミニコミ電子図書館 HP(https://wan.or.jp/dwan/detail/8008)

図 1……ケルン市 HP(https://www.stadt-koeln.de/artikel/70869/)

第 2 講扉……フランス国立図書館(Gallica)

第 3 講扉……John Lord, *Beacon Lights of History*, vol. 11, 1902.

第 4 講扉……歌川芳景作「大日本帝国議会之図」1891 年．昭和女子大学図書館

図 2 上……Ingeborg Weber-Kellermann, *Frauenleben im 19. Jahrhundert: Empire und Romantik, Biedermeier, Gründerzeit*, C. H. Beck, 1988.

図 2 下……Ingeborg Weber-Kellermann, *Die Familie: Geschichte, Geschichten und Bilder*, Insel Verlag, 1984.

第 5 講扉……フランツ・ヴィンターハルター作，1846–1847 年．ロイヤル・コレクション

第 6 講扉……アントン・フォン・ヴェルナー作，1885 年．ビスマルク博物館(アウミューレ)

図 3……イアサント・リゴー作，1701 年．ルーヴル美術館

第 7 講扉，図 4 下……John Barclay, *The Anatomy of the Bones of the Human Body*, 1829. ウェルカム・コレクション

図 4 上……Samuel Thomas Soemmerring, *Tabula Sceleti Feminini: Iuncta Descriptione*, 1797.

第 8 講扉……ミュンスター市 HP(https://www.muenster.de/stadt/kriegschronik1914/1914_versorgung_wohlfahrt.html)

図 5……*Ariadne*, 24, 1993.

第 9 講扉……『岡谷市史』中巻，岡谷市，1976 年

第 10 講扉……ロバート・キャパ撮影，1944 年．Robert Capa / International Center of Photography / Magnum Photos / アフロ

図 6……アメリカ議会図書館

姫岡とし子

1950年，京都市生まれ．
現在―東京大学名誉教授
専攻―ドイツ近現代史，ジェンダー史
著書―『近代ドイツの母性主義フェミニズム』(勁草書房)
『ジェンダー化する社会――労働とアイデンティティの日独比較史』(岩波書店)
『ヨーロッパの家族史』(山川出版社)
『ローザ・ルクセンブルク――闘い抜いたドイツの革命家』(山川出版社)
『〈ひと〉から問うジェンダーの世界史 第2巻「社会」はどう作られるか？――家族・制度・文化』(共編，大阪大学出版会)

ジェンダー史10講　　岩波新書(新赤版)2009

2024年2月20日　第1刷発行

著　者　姫岡《ひめおか》とし子《こ》

発行者　坂本政謙

発行所　株式会社 岩波書店
〒101-8002 東京都千代田区一ツ橋 2-5-5
案内 03-5210-4000　営業部 03-5210-4111
https://www.iwanami.co.jp/

新書編集部 03-5210-4054
https://www.iwanami.co.jp/sin/

印刷・三陽社　カバー・半七印刷　製本・中永製本

ISBN 978-4-00-432009-8　　Printed in Japan

岩波新書新赤版一〇〇〇点に際して

ひとつの時代が終わったと言われて久しい。だが、その先にいかなる時代を展望するのか、私たちはその輪郭すら描きえていない。二〇世紀から持ち越した課題の多くは、未だ解決の緒を見つけることのできないままであり、二一世紀が新たに招きよせた問題も少なくない。グローバル資本主義の浸透、憎悪の連鎖、暴力の応酬――世界は混沌として深い不安の只中にある。

現代社会においては変化が常態となり、速さと新しさに絶対的な価値が与えられた。消費社会の深化と情報技術の革命は、種々の境界を無くし、人々の生活やコミュニケーションの様式を根底から変容させてきた。ライフスタイルは多様化し、一面では個人の生き方をそれぞれが選びとる時代が始まっている。同時に、新たな格差が生まれ、様々な次元での亀裂や分断が深まっている。社会や歴史に対する意識が揺らぎ、普遍的な理念に対する根本的な懐疑や、現実を変えることへの無力感がひそかに根を張りつつある。そして生きることに誰もが困難を覚える時代が到来している。

しかし、日常生活のそれぞれの場で、自由と民主主義を獲得し実践することを通じて、私たち自身がそうした閉塞を乗り超え、希望の時代の幕開けを告げてゆくことは不可能ではあるまい。そのために、いま求められていること――それは、個と個の間で開かれた対話を積み重ねながら、人間らしく生きることの条件について一人ひとりが粘り強く思考することではないか。その営みの糧となるものが、教養に外ならないと私たちは考える。歴史とは何か、よく生きるとはいかなることか、世界そして人間はどこへ向かうべきなのか――こうした根源的な問いとの格闘が、文化と知の厚みを作り出し、個人と社会を支える基盤としての教養となった。まさにそのような教養への道案内こそ、岩波新書が創刊以来、追求してきたことである。

岩波新書は、日中戦争下の一九三八年一一月に赤版として創刊された。創刊の辞は、道義の精神に則らない日本の行動を憂慮し、批判的精神と良心的行動の欠如を戒めつつ、現代人の現代的教養を刊行の目的とする、と謳っている。以後、青版、黄版、新赤版と装いを改めながら、合計二五〇〇点余りを世に問うてきた。そして、いままた新赤版が一〇〇〇点を迎えたのを機に、人間の理性と良心への信頼を再確認し、それに裏打ちされた文化を培っていく決意を込めて、新しい装丁のもとに再出発したいと思う。一冊一冊から吹き出す新風が一人でも多くの読者の許に届くこと、そして希望ある時代への想像力を豊かにかき立てることを切に願う。

（二〇〇六年四月）

社会

- 女性不況サバイバル　竹信三恵子
- パリの音楽サロン　青柳いづみこ
- 持続可能な発展の話　宮永健太郎
- 皮革とブランド　変化するファッション倫理　西村祐子
- 動物がくれる力　教育、福祉、そして人生　大塚敦子
- 政治と宗教　島薗進編
- 超デジタル世界　西垣通
- 現代カタストロフ論　金子勝・児玉龍彦
- 「移民国家」としての日本　宮島喬
- 迫りくる核リスク　〈核抑止〉を解体する　吉田文彦
- 記者がひもとく「少年」事件史　川名壮志
- 中国のデジタルイノベーション　小池政就
- これからの住まい　川崎直宏
- 検察審査会　デイビッド・T・ジョンソン・平山真理・福来寛
- ドキュメント〈アメリカ世〉の沖縄　宮城修
- 東京大空襲の戦後史　栗原俊雄
- 土地は誰のものか　五十嵐敬喜
- 民俗学入門　菊地暁
- 企業と経済を読み解く小説50　佐高信
- 視覚化する味覚　久野愛
- ロボットと人間　人とは何か　石黒浩
- ジョブ型雇用社会とは何か　濱口桂一郎
- 法医学者の使命　「人の死を生かす」ために　吉田謙一
- 異文化コミュニケーション学　鳥飼玖美子
- モダン語の世界へ　山室信一
- 時代を撃つノンフィクション100　佐高信
- 労働組合とは何か　木下武男
- プライバシーという権利　宮下紘
- 地域衰退　宮﨑雅人
- 江戸問答　田中優子・松岡正剛
- 広島平和記念資料館は問いかける　志賀賢治
- コロナ後の世界を生きる　村上陽一郎編
- リスクの正体　神里達博
- 紫外線の社会史　金凡性
- 「勤労青年」の教養文化史　福間良明
- 5G　次世代移動通信規格の可能性　森川博之
- 客室乗務員の誕生　山口誠
- 「孤独な育児」のない社会へ　榊原智子
- 放送の自由　川端和治
- 社会保障再考　〈地域〉で支える　菊池馨実
- 生きのびるマンション　山岡淳一郎
- 虐待死　なぜ起きるのか、どう防ぐか　川崎二三彦
- 平成時代◆　吉見俊哉
- バブル経済事件の深層　奥山俊宏・村山治
- 日本をどのような国にするか　丹羽宇一郎
- なぜ働き続けられない？　社会と自分の力学　鹿嶋敬
- 物流危機は終わらない　首藤若菜

岩波新書より

金沢を歩く　山出　保
ドキュメント 豪雨災害　稲泉　連
ひとり親家庭　赤石千衣子
女のからだ フェミニズム以後　荻野美穂
〈老いがい〉の時代◆　天野正子
子どもの貧困 Ⅱ　阿部　彩
性と法律　角田由紀子
ヘイト・スピーチとは何か◆　師岡康子
生活保護から考える◆　稲葉　剛
かつお節と日本人　宮内泰介　藤林　泰
家事労働ハラスメント　竹信三恵子
福島原発事故 県民健康管理調査の闇◆　日野行介
電気料金はなぜ上がるのか◆　朝日新聞経済部
おとなが育つ条件　柏木惠子
在日外国人〔第三版〕　田中　宏
まち再生の術語集　延藤安弘
震災日録 記憶を記録する◆　森まゆみ
原発をつくらせない人びと　山秋　真

社会人の生き方◆　暉峻淑子
構造災 科学技術社会に潜む危機　松本三和夫
家族という意志◆　芹沢俊介
ルポ 良心と義務　田中伸尚
夢よりも深い覚醒へ◆　大澤真幸
3・11 複合被災◆　外岡秀俊
子どもの声を社会へ　桜井智恵子
就職とは何か◆　森岡孝二
日本のデザイン　原　研哉
ポジティヴ・アクション　辻村みよ子
脱原子力社会へ◆　長谷川公一
希望は絶望のど真ん中に　むのたけじ
アスベスト 広がる被害　大島秀利
原発を終わらせる　石橋克彦編
日本の食糧が危ない　中村靖彦
希望のつくり方　玄田有史
生き方の不平等◆　白波瀬佐和子
同性愛と異性愛　風間　孝　河口和也
新しい労働社会　濱口桂一郎

世代間連帯　上野千鶴子　辻元清美
道路をどうするか　五十嵐敬喜　小川明雄
子どもの貧困　阿部　彩
子どもへの性的虐待◆　森田ゆり
テレワーク 「未来型労働」の現実　佐藤彰男
反貧困　湯浅　誠
不可能性の時代　大澤真幸
地域の力　大江正章
少子社会日本　山田昌弘
親米と反米　吉見俊哉
「悩み」の正体　香山リカ
変えてゆく勇気◆　上川あや
戦争で死ぬ、ということ　島本慈子
ルポ 改憲潮流　斎藤貴男
社会学入門　見田宗介
冠婚葬祭のひみつ　斎藤美奈子
少年事件に取り組む　藤原正範
悪役レスラーは笑う◆　森　達也
いまどきの「常識」◆　香山リカ

岩波新書より

働きすぎの時代◆ 森岡孝二
桜が創った「日本」 佐藤俊樹
生きる意味 上田紀行
社会起業家◆ 斎藤槙
逆システム学◆ 金子勝・児玉龍彦
男女共同参画の時代 鹿嶋敬
当事者主権 中西正司・上野千鶴子
豊かさの条件 暉峻淑子
クジラと日本人 大隅清治
人生案内 落合恵子
若者の法則 香山リカ
自白の心理学 浜田寿美男
原発事故はなぜくりかえすのか 高木仁三郎
日本の近代化遺産 伊東孝
証言 水俣病 栗原彬編
日の丸・君が代の戦後史◆ 田中伸尚
コンクリートが危ない 小林一輔
東京国税局査察部 立石勝規

バリアフリーをつくる 光野有次
ドキュメント屠場 鎌田慧
能力主義と企業社会 熊沢誠
現代社会の理論 見田宗介
原発事故を問う◆ 七沢潔
災害救援 野田正彰
スパイの世界 中薗英助
都市開発を考える 大野輝之・レイコ・ハベ・エバンス
ディズニーランドという聖地 能登路雅子
原発はなぜ危険か◆ 田中三彦
豊かさとは何か 暉峻淑子
農の情景 杉浦明平
異邦人は君ヶ代丸に乗って 金賛汀
読書と社会科学 内田義彦
文化人類学への招待◆ 山口昌男
ビルマ敗戦行記 荒木進
プルトニウムの恐怖 高木仁三郎
日本の私鉄 和久田康雄
社会科学における人間 大塚久雄

女性解放思想の歩み 水田珠枝
沖縄ノート 大江健三郎
沖縄 比嘉春潮
民話 関敬吾
唯物史観と現代〔第二版〕 梅本克己
民話を生む人々 山代巴
米軍と農民 阿波根昌鴻
沖縄からの報告 瀬長亀次郎
結婚退職後の私たち 塩沢美代子
ユダヤ人◆ J-P・サルトル 安堂信也訳
社会認識の歩み◆ 内田義彦
社会科学の方法 大塚久雄
自動車の社会的費用 宇沢弘文
上海 殿木圭一
現代支那論 尾崎秀実

(2023.7) ◆は品切，電子書籍版あり．(D4)

岩波新書より

生活保障　排除しない社会へ　宮本太郎
「戦地」派遣　変わる自衛隊　半田　滋
民族とネイション　塩川伸明
昭和天皇　原　武史
集団的自衛権とは何か　豊下楢彦
沖縄密約◆　西山太吉
吉田　茂◆　原　彬久
市民の政治学◆　篠原　一
有事法制批判　憲法再生フォーラム編
安保条約の成立　豊下楢彦
沖縄　平和の礎　大田昌秀
岸　信介　原　彬久
近代政治思想の誕生　佐々木毅
一九六〇年五月一九日　日高六郎編
人間と政治◆　南原　繁
非武装国民抵抗の思想　宮田光雄
日本の政治風土　篠原　一
近代の政治思想　福田歓一
戦争と気象　荒川秀俊